金花的秘密

中国的生命之书

[瑞士] 荣格　[德] 卫礼贤　著
张卜天　译

Das Geheimnis der Goldenen Blüte

Ein chinesisches Lebensbuch
Carl G. Jung & Richard Wilhelm

Carl G. Jung & Richard Wilhelm
DAS GEHEIMNIS DER GOLDENEN BLÜTE:
EIN CHINESISCHES LEBENSBUCH
根据瓦尔特出版社(Walter-Verlag)1992 年第 19 版译出

荣格(Carl G. Jung,1875—1961)

卫礼贤(Richard Wilhelm,1873—1930)

一幅密宗的金刚杵曼荼罗,为禅定做准备

目　　录

第二版序言 ··· 1
纪念卫礼贤 ··· 4
荣格的欧洲评述 ··· 15
　一、引言 ··· 15
　　1. 欧洲人为何难以理解东方 ··························· 15
　　2. 现代心理学开启了一种理解的可能性 ············ 20
　二、基本概念 ·· 28
　　1. 道 ··· 28
　　2. 回光和中心 ·· 30
　三、道的现象 ·· 39
　　1. 意识的瓦解 ·· 39
　　2. 阿尼姆斯和阿尼玛 ····································· 45
　四、意识与客体的分离 ······································ 50
　五、圆满 ··· 56
　六、结语 ··· 62
　欧洲曼荼罗的例子 ·· 63
卫礼贤的文本与解释 ··· 74
　第五版序言 ·· 74

目 录

一、《太乙金华宗旨》的源流和内容 ·················· 75
  1. 本书的来源 ································· 75
  2. 本书的心理学和宇宙论前提 ················ 81

二、《太乙金华宗旨》原文 ··························· 87
  天心第一 ··································· 87
  元神识神第二 ······························· 89
  回光守中第三 ······························· 92
  回光调息第四 ······························· 97
  回光差谬第五 ······························ 101
  回光证验第六 ······························ 102
  回光活法第七 ······························ 105
  逍遥诀第八 ································ 106
  百日立基第九 ······························ 113
  性光识光第十 ······························ 113
  坎离交媾第十一 ···························· 115
  周天第十二 ································ 115
  劝世歌第十三 ······························ 116

三、柳华阳的《慧命经》(前八章) ·················· 118
  漏尽图第一 ································ 118
  法轮六候图第二 ···························· 120
  任督二脉图第三 ···························· 121
  道胎图第四 ································ 122
  出胎图第五 ································ 123
  化身图第六 ································ 124

目 录

面壁图第七 ………………………………………… 124
虚空粉碎图第八 …………………………………… 125

译后记……………………………………………… 127

第二版序言

　　1928年,当我已故的朋友、本书的合著者之一卫礼贤把他翻译的《太乙金华宗旨》寄给我时,我自己的工作正处于困境。1913年以来,我一直在对集体无意识过程进行研究,但从不止一个方面来看,所得到的结果似乎是成问题的。这些结果不仅远远超出了"学院"心理学所熟知的一切,而且也跨越了医学的、纯人格主义(rein personalistischen)心理学的界限。它们与一种广泛的现象学有关,迄今为止所有已知的范畴和方法都不能用于这种现象学。由于没有什么东西可供比较,我花费十五年的辛劳所得到的这些结果似乎是悬而未决的。以前我不知道有任何人类经验领域可以稍为确定地支持我的结果。我所知道的仅有的类似的东西都散见于异教研究者的报告中,但这些东西时间过于久远。这种关联丝毫没有让我的工作轻松起来,反而使之更加困难。因为在灵知主义(gnostischen)体系中,只有很小一部分是直接的心灵体验,大部分则是思辨的、系统化的加工。由于我们极少拥有详尽的文本,而且大部分已知内容都出自基督教反对者的报告,所以至少可以说,对于这些难以理解、混乱怪异的文献的历史和内容,我们的认识严重不足。加之距今已有一千七八百年,依赖这个领域来寻求佐证在我看来是非常危险的。此外,这种关联在某些方面并不重要,恰恰在主要事情上存有裂隙，使我无法利用这些灵知主义材料。

卫礼贤给我寄来的这一著作帮我摆脱了困境，其中恰好包含了我在灵知主义者那里找不到的东西。因此该文本使我有机会能把我的一些基本研究成果至少暂时发表出来。

《太乙金华宗旨》不仅是一部道教的中国瑜伽著作，而且也是一篇炼丹术文献，当时我觉得这似乎并不重要。然而，随着后来对拉丁语文献的深入研究，我改变了自己的看法，发现这部著作的炼丹术特征有着重要的意义。不过这里无法对此进行详述。这里只需强调，正是《太乙金华宗旨》这部著作帮我第一次走上了正确的道路，因为在中古时代的炼丹术中，我们终于找到了灵知（Gnosis）与当代人集体无意识过程之间的联系。①

借此机会，我想提醒注意，即使是有教养的读者在阅读这本书时也可能产生某些误解。常常有人以为我出版这本书是为了向公众传授一种获得幸福的法门。这些读者试图模仿这部中国著作的"法门"，他们完全误解了我这篇评述所要阐述的内容。但愿这种精神层次低下的代表只是少数。

另一种误解认为，我在评述中在一定程度上描述了我的心理疗法，据说是为了治疗的目的而把东方思想灌输给我的病人。我不相信我的评述中有任何内容能够导致这种迷信。无论如何，这种看法是完全错误的，它乃是基于那种流传甚广的想法，认为心理学是针对某种特定目的而发明出来的东西，而不是经验科学。在

---

① 更多这方面的内容可参见我 1936 年和 1937 年发表于 *Eranos-Jahrbuch* 的两篇文章。[这些材料已收入 Jung, *Psychologie und Alchemie*, Ⅱ. und Ⅲ..]

这方面,还有一种浅薄无知的看法,认为集体无意识是"形而上学"的。任何人只要稍加留心就会看到,他们把一种经验概念与本能概念混为一谈了。

在第二版中,我补充了1930年5月10日我在慕尼黑纪念卫礼贤的讲演,它已经发表在1931年的英文第一版中。[①]

C. G. 荣格

[①] *The Secret of the Golden Flower: A Chinese Book of Life*.

纪念卫礼贤[1]

女士们，先生们！

谈论卫礼贤和他的工作，这项任务并不轻松，因为我们的出发点相去甚远，只是在道路的中途偶然相遇。他毕生的工作有一个范围是我从未涉足的。我从未去过那个早先塑造了他、后来又让他全身心投入的中国，我也不熟悉中国的语言，那是对中国东方活生生的精神表达。我不过是一个门外汉，站在卫礼贤所精通的广大知识经验领域以外。如果我们都停留在自己的专业领域，那么他作为汉学家、我作为医生恐怕永远也不会接触。然而，我们在人文领域相遇了，它从一开始就超越了学院界限，那里有我们的接触点，那里腾跃而起的火花点亮了一盏明灯，它将成为我一生中最有意义的事件之一。由于有这样一段经历，我也许可以谈谈卫礼贤和他的工作。我怀着感激的崇敬之情缅怀这位思想家，他在东西方之间架起了一座桥梁，把一种濒临毁灭的数千年文化的宝贵遗产留给了西方。

卫礼贤拥有的高超造诣只有这样一种人才能获得，这种人超越了自己的专业，其学问变成了一种对人类的关切——不，不是变

---

[1] 1930年5月10日在慕尼黑纪念会上所作的讲演。

成，这种关切自始至终都是如此。因为除此之外还有什么能使他摆脱欧洲人甚至是传教士的狭隘眼界呢？以至于他一接触到关于中国灵魂的秘密，就立刻觉察到这其中隐藏着对我们十分珍贵的东西，并为这份稀世珍宝而牺牲掉其欧洲偏见。正是一种海纳百川的人格和参透一切的伟大心灵，才使他能够毫无保留地向一种迥然相异的思想敞开自己，并把自己的种种天赋和才能贡献给它。他超越了基督教的怨恨，超越了欧洲人的傲慢自大，他在投身于这项任务时的理解本身便证明了一种罕有的伟大精神；而所有平庸者在接触外来文化时，不是盲目地丧失自我，就是自以为是地大加批判。他们只能接触到外来文化的外表和皮毛，而从未唔摸到它的滋味，因此也从未进入那种精神交流，那种产生新生命的最亲密的交融与渗透。

　　一般说来，专业学者的心智是纯粹男性的，对于这样一种理智而言，繁育是一种与本性相异的不自然过程，因此它特别不适合接受和培育与本性相异的精神。而更伟大的精神却带有女性的特征，它有一个擅于接纳的、培育性的子宫，可以把陌生的东西改造成熟悉的形态。卫礼贤拥有这种母性精神的罕见天赋，因此能够前所未及地领会东方精神，致力于他那些无与伦比的翻译工作。

　　在我看来，他最伟大的成就是对《易经》的翻译和评述。[①] 在知道卫礼贤的译本之前，多年以来我一直在使用理雅各（James

---

[①] R. Wilhelm, *I Ching. Das Buch der Wandlungen*. Aus dem Chinesischen verdeutscht und erläuert von R. Wilhelm. Jena，1923.

Legge)的有缺陷的译本,①因此我完全能够认识到这两个译本之间的巨大差异。卫礼贤成功复活了这部古老的著作,给它赋予了一种新的活力。不仅许多汉学家,甚至是大多数现代中国人,都只能把这部著作看成一堆荒谬的符咒。也许没有哪部著作能像《易经》那样体现了中国文化的精神。几千年来,中国最杰出的人一直在这部著作上携手合作,贡献力量。它虽然成文甚早,但万古常新,至今仍然富有生机,影响深远,至少在那些理解其意义的人看来是如此。我们能够受此恩惠,要归功于卫礼贤的创造性工作。他使我们得以接近这部著作,不仅通过他的精心翻译,也通过他的个人体验。他既是中国一位旧学大师②的门徒,也是中国瑜伽心理学的初学弟子,对他来说,《易经》的实际运用是常新的体验。

除了这些丰厚的礼物,卫礼贤还留给我们一项任务,其意义我们现在可以猜测,但还不能充分领悟。任何一个像我这样有幸能在与卫礼贤的精神交流中体验过《易经》占卜能力的人,都不会对一个事实长久地视而不见,那就是我们已经触及了一个有可能动摇我们西方心态基础的阿基米德点。像卫礼贤那样对一种本性上异于我们的文化进行丰富多彩的描绘,其意义绝非微不足道,但比这更重要的是,他把中国精神的鲜活胚芽接种在我们身上,使我们的世界观发生了本质改变。我们不再仅仅是临渊羡鱼或品头论足的旁观者,而是已经成为东方精神的参与者,能够体验到《易经》活生生的效力。

---

① *The Yi King*. Translated by James Legge. In: *Sacred Books of the East*. Vol. 16. 2. Aufl. 1899.

② 指清末学者劳乃宣(1843—1921)。——译者注

乍看起来，《易经》应用的基本机制与我们西方科学的因果世界观似乎尖锐对立。换句话说，它完全是非科学的，甚至是禁忌的东西，因此超出了我们的科学判断，是我们无法理解的。

几年以前，当时的英国人类学学会主席问我，为什么像中国这样一个精神层次如此之高的民族却没能发展出科学。我回答说，这一定是一种视错觉，因为中国的确有一种"科学"，其"标准著作"就是《易经》，不过和中国的许多其他东西一样，这种科学的原理与我们的科学原理完全不同。

事实上，《易经》的科学并非基于因果性原理，而是基于一种我们从未遇到因而迄今尚未命名的原理，我姑且称之为"共时性"(synchronistisches)原理。多年以前，我在研究无意识过程的心理学时就已经意识到，必须寻找一种新的解释原则，因为因果性原理似乎不能令人满意地解释某些值得注意的无意识心理现象。我发现有一些心理上的平行现象，它们之间不可能有因果联系，而必定处于另一种事件联系。在我看来，这种联系主要可见于相对的同时性这一事实，因此我称之为"共时性"。事实上，时间仿佛远非抽象的概念，而是一种包含着性质或基本条件的具体连续体(konkretes Kontinuum)，这些性质或基本条件能以一种无法作因果解释的平行性在不同的地方相对同时地显现出来，比如相同的思想、符号或心理状态的巧合出现。另一个例子是卫礼贤曾经指出的中国和欧洲风格期(Stilperioden)的同时性，它们之间不可能有因果联系。如果拥有经过彻底论证的结果，那么占星学就是共时性的一个具有重要意义的例子。不过，至少已经有一些事实经过了充分论证，并有大量统计数据作为支持，因此，对占星学问题进行哲学考察似乎是有价值的。（从心理学上的评价来看，这是显而易见的，因为占星学代表着古代所有心理学认识的总和。）

XV 可以根据一个人的生辰来详细重构他的性格，这一事实表明了占星学的相对有效性。然而，生辰丝毫不依赖于实际的天文星座，而是依赖于一种随意的、纯粹概念性的时间系统，因为由于二分点的进动，春分点早已移出了零度的白羊宫。那些实际上正确的占星学判断并非基于天体的影响，而是基于我们假定的时间性质，换句话说，在这一时刻出生的人或所做的事都具有这一时刻的性质。

这也是实践《易经》的基本程式。大家知道，通过操作蓍草或硬币这种纯粹基于偶然的方法可以获得刻画该时刻的六线形卦象。神秘的蓍草会按照该时刻的性质而下落。问题仅仅在于：公元前一千年的文王和周公是否正确解释了这种由下落的蓍草而获得的偶然图形？对此只有经验能决定了。

应我的邀请，卫礼贤在苏黎世心理学俱乐部作第一次讲演时演示了《易经》的操作方法，同时还做了一项预言，这项预言不到两年就准确无误地应验了。这一事实还可以通过许多平行的经验而得到进一步确证。但这里我并不关心如何客观地确定《易经》预言的有效性，而是像我已故的朋友卫礼贤那样把它当作前提。于是，接下来我只要谈谈这个令人惊讶的事实，即借助《易经》的卦象可以解读出该时刻的隐秘性质(qualitas occulta)。这里涉及的事件关联与占星学有着本质联系，而不仅仅是相似。出生对应着落下的蓍草，星座对应着卦象，对星座的占星学解释则对应着卦辞。

XVI 这种建立在共时性原理基础上的思维在《易经》那里达到了顶

峰，它是对中国总体思维最纯粹的表达。而在西方哲学史上，这种思维自赫拉克利特之后就已经销声匿迹，直到在莱布尼茨那里才又出现了微弱的回声。不过在此期间，它并没有彻底消亡，而是继续活在占星学思辨的暮色中，直到今天也一直保持在这一层次。

在这里，《易经》**正好呼应了我们进一步发展的需要**。在我们这个时代，神秘学（Okkultismus）获得了一种无与伦比的复兴。西方精神之光几乎因此而黯然失色。这里我想到的并不是我们的专科院校及其代表。我是一个医生，常与普通人打交道，因此我知道，大学已不再能带来光明。人们已经厌倦了科学的专业化以及理性主义的唯理智论。人们渴望听到真理，这种真理不是使他们更狭窄，而是使他们更开通，不是蒙蔽他们，而是照亮他们，不是像水一样流过他们，而是切中肯綮，深入骨髓。这种寻求很容易把广大公众引入歧途。

每当我想到卫礼贤的成就和意义时，我总会想起把《奥义书》的第一个译本带到欧洲的法国人安基提尔·迪佩龙（Anquetil Du Perron），当时临近 1800 年，欧洲正在发生某种闻所未闻的事情，理性女神把基督教的上帝赶下了巴黎圣母院的宝座。今天，比当时的巴黎更加闻所未闻的事情正在俄国发生，基督教在欧洲本土是如此衰弱，甚至连佛教徒也认为这是向欧洲传教的大好时机，正是卫礼贤从东方给我们带来了新的光明。他感到了这一文化使命的召唤，意识到东方可以在多大程度上治愈我们的精神匮乏。

径直给予慷慨的施舍并不能真正帮助处于困境中的人，尽管这些施舍可能是他想要的。对他更大的帮助是给他指出一条明路，使他可以通过努力永远摆脱困境。不幸的是，我们今天的精神乞丐太容易接受东方的施舍，盲目地模仿东方的做法。这种危险怎样警告都不为过，卫礼贤也清楚地感觉到了这一点。仅仅是一种新鲜感觉或者新的神经刺激并不能帮助欧洲的精神。中国花了几千年时间建立起来的东西我们也不可能通过偷窃来获得。要想拥有，我们必须凭借自己的努力。东方所能给予我们的仅仅是一种帮助，具体工作还必须由我们来做。如果我们把自己文化的根基当作过时的错误加以舍弃，把我们看成无家可归的海盗偷偷摸摸地栖身于陌生的海岸上，那么《奥义书》的智慧和中国瑜伽的洞见对我们又有什么用呢？如果我们对自己的问题视而不见，带着习惯性的偏见过着人为安排的生活，如果我们掩藏真实的人性及其所有的危险暗流和黑暗，那么东方的洞见尤其是《易经》的智慧将毫无意义。这种智慧的光芒只能在黑暗中闪烁，在欧洲意识和意志剧场中的探照灯下则无迹可寻。我们也许读到过中国的大屠杀，秘密社团的邪恶势力，平民百姓那难以名状的贫困以及令人绝望的肮脏和罪恶，此时我们会对那里的恐怖有所印象，而《易经》的智慧正是从这一背景中产生出来的。

　　要想体验活生生的东方智慧，我们需要有一种正确的三维生活。因此，我们首先需要关于我们自己的欧洲智慧。我们道路的出发点是欧洲的现实，而不是瑜伽功法，后者只会掩盖我们的现实。我们必须在一种更广的意义上来继承卫礼贤的翻译工作，这样才能无愧为这位大师的学生。正如他已将东方的精神财富转化为欧洲的含义，我们也应把这种含义转化为生活。我们知道，卫礼贤把核心概念"道"译为 Sinn（含义、意义）。把这种 Sinn 转化为生活，亦即实现"道"，这正是学生的任务。

但是用语词和好的教导无法产生道。我们真的知道道是如何在我们之中或围绕我们产生的吗？通过模仿？通过理性？抑或通过意志的体操？

让我们把目光转向东方，那里笼罩着一种无法抗拒的命运。欧洲的大炮轰开了亚洲的大门，欧洲的科学技术、欧洲的世俗和贪婪正在中国泛滥。我们已经从政治上征服了东方。然而当罗马从政治上推翻了近东之后发生了什么呢？东方的精神进入了罗马，光明之神密特拉（Mithra）成了罗马人的战神，从小亚细亚的一个最不起眼的角落产生了一种全新的罗马精神。难道今天就不会发生类似的事情吗？我们也许会像当年那些有教养的罗马人一样盲目，对救世主的迷信感到惊异。需要注意的是，英国和荷兰这两个最早的殖民亚洲的列强同时也最受印度通神学（Theosophie）影响。我知道我们的无意识中已经充满了东方的象征，东方精神其实就在我们门前。因此在我看来，道的实现，道的追寻，在很大程度上已经成为我们的集体现象，其程度远比我们通常认为的大得多。比如我认为，卫礼贤和印度学家豪尔（Hauer）[①]在今年的德国精神治疗师大会上应邀作了关于瑜伽的报告就是一个非常重要的迹象。试想一下，一个与痛苦不堪因此易于接受的病人直接打交道的从业医生一旦与一种东方治疗体系建立起联系，这意味着什么！东方精神将穿透所有毛孔而抵达欧洲最为脆弱的地方。它既可能是一种危险的传染病，也可能是一剂良药。在西方，巴别塔造成的语言混乱已经导致了严重的方向迷失，以至于人人都渴望朴

[①] W.豪尔生于1881年，起初是传教士，后来成为图宾根大学梵文教授。

素的真理，或至少是渴望一些一般思想，它们不仅诉诸头脑而且也诉诸心灵，可以给沉思的头脑带来明晰，也可以给动荡不安的情绪带来安宁。和古罗马人一样，我们今天再次引入了五花八门的异国迷信，希望从中找到治疗自身痼疾的良药。

XIX　　人本能地知道，一切伟大真理都是朴素的，因此本能软弱的人便以为伟大的真理可以在那些廉价的简化和陈词滥调中找到，或者因失望而陷入相反的谬误，以为伟大的真理必定极其晦涩复杂。今天在我们的普通公众中出现的灵知主义（gnostische）运动在心理上与1900年前的灵知主义运动完全一致。那时和今天一样，孤独的漫游者像伟大的阿波罗尼奥斯（Apollonius of Tyana）那样纺着精神的丝线从欧洲到了亚洲，也许是到了遥远的印度。从这样一种历史视角来看，我认为卫礼贤就像一位伟大的灵知主义中介，使亚洲的文化遗产与古希腊精神相接触，使一个新世界从罗马帝国的废墟上产生出来。那时和现在一样，到处都是芜杂琐碎、异想天开、品味低劣、内心不安，精神的大陆已被洪水淹没，只有几个山尖像小岛一样从无边的洪水中露出头来，各种精神的歧路在向人召唤，各种假先知沉渣泛起。

　　在种种刺耳喧嚣的欧洲观点中，能够听到卫礼贤这位中国信使的朴素语言真是一种福音。我们可以注意到，卫礼贤的语言是在纯朴自然的中国思想中培育出来的，而中国思想能用朴素的语言表达深刻的东西。这种语言揭示出真理背后的简单和深刻背后的质朴，给我们带来了金花的优雅芬芳。它在西方的土壤中植入了一株纤弱的幼苗，使我们在经历了肆意妄为和桀骜不驯之后对于生命和道有了新的感受。

面对着东方的异国文化，卫礼贤表现出了欧洲人罕见的谦恭。他毫无芥蒂地面对它，不带任何偏见和自负，完全敞开自己的心灵，任它控制和塑造，因此当他回到欧洲时，他给我们带来了在精神和本质上都很纯正的东方图像。他获得这种深刻转变肯定要付出巨大的牺牲，因为我们的历史预设与东方全然不同。面对着东方更为普遍、更为温和的本性，西方意识的尖锐及其严峻问题必须变得柔和，西方的理性主义及其片面的区分也必须让位于东方的宽广和质朴。对卫礼贤来说，这种转变不仅意味着思想观点的转移，而且也意味着人格构成的本质性重组。倘若卫礼贤不能让他内心之中的欧洲精神退居幕后，他就不可能给我们提供如此完美的东方图像，没有任何隐秘动机，也没有任何粗暴无礼。如果他让东西方在他内心之中进行一场毫不妥协的生硬较量，他就不可能完成他的使命，给我们提供一幅中国的真实图像。为了完成这项命定的任务，牺牲掉欧洲精神是不可避免的，也是必要的。

卫礼贤在最高的意义上完成了他的使命。他不仅使我们能够接触到古老的中国思想宝库，而且正如我已经指出的，他带来了已经存活数千年的中国精神之根，并把它植入了欧洲的土壤。随着这项任务的完成，他的事业达到了顶峰，但不幸也达到了它的终点。根据中国人所熟知的物极必反法则，一个阶段的结束正是其相反阶段的开端。因此阳极则阴，盛极则衰。我只是在卫礼贤生命中的最后几年才与他接近，我可以看到，随着他毕生工作的完成，欧洲和欧洲人是如何越来越向他靠拢，事实上是越来越困扰他。与此同时，他也愈发感到，他可能正站在一场剧变的边缘，这场变革的性质他还不能清晰地把握。他只知道，他面临着一场决定性的危机。他身体上的疾病伴随着这种精神发展。他的梦里充满了对中国的回忆,但梦中的画面总是郁郁寡欢、阴沉凄凉。这清楚地表明,他心中的中国内容已经走向了反面。

没有什么东西可以被永远牺牲掉,一切事物都会以改变的形态回返。在出现巨大牺牲的地方,当那些牺牲掉的东西重新回来时,必定会有一个富有抵抗力的健康机体存在着,以承受一场剧变所带来的冲击。因此,这种严重的精神危机如果发生在孱弱的病体上,往往也就意味着死亡。现在祭刀就握在曾经作为祭品的他自己手中,曾经是献祭者的他必死。

如大家所见,我并没有隐瞒我个人的观点,如果我不讲我对卫礼贤的体会,我又怎能谈论其他呢？他毕生的工作对我来说弥足珍贵,因为它在很大程度上解释和确证了我为了应对欧洲人的心灵痛苦而作的探寻、追求、思索和活动。对我来说,听他用清晰的语言阐述那些我曾隐约感觉到的来自混乱的欧洲无意识的东西是极为重要的经历。事实上,他极大地丰富了我,以至于在我看来,我从他那里得到的东西似乎比从任何人那里得到的都多。正因如此,我才不揣冒昧地站在纪念他的讲台上,表达我们所有人对他的感激和敬意。

荣格的欧洲评述

一、引言

1. 欧洲人为何难以理解东方

我在感受上是一个彻头彻尾的西方人，因此必定会深深感受到这部中国著作的奇特。对东方宗教和哲学的一些了解的确有助于我的理智和直觉在一定程度上理解这些思想，正如我可以从"民族学"或"比较宗教史"的角度去理解原始宗教的悖谬。当然，这是以西方的方式把人的心灵隐藏在所谓科学理解的外衣之下，这一方面是因为"学者那种可怜的虚荣心"惧怕并且拒绝显示出任何生动参与的迹象，另一方面也是因为对外来精神的情感投入可能会变成一种愈发深挚的体验。所谓的科学客观性必定会把这部经典留给汉学家去施展其语文学技巧，他们将心怀嫉妒地阻止对它作其他任何解释。但卫礼贤（Richard Wilhelm）深深地洞悉了中国智慧那神秘莫测的活力，他不允许这样一颗极富洞见的宝珠消失在专业科学的抽屉中。他请我为之撰写一篇心理学评述，这让我倍感荣幸和愉悦。

虽然这样一来，这颗精美的宝珠会有陷入另一门专业科学抽屉的危险，但任何想要贬低西方科学功绩的人都在侵蚀欧洲精神的根基。科学作为工具固然并非完美，但毕竟非常宝贵且具有优越性，只有当它要求把自己当作目的时才会显示出危害。科学必须做臣仆，一旦篡夺王位就会做错事。它必须服务于其他科学分支，因为每一个分支都因其自身的不充分而需要其他科学分支的支持。科学是西方精神的工具，依靠科学可以比仅靠双手打开更多的门。科学属于我们的理解方式，只有当它把自己的理解方式看成唯一正确的时候才会阻挡我们的视线。然而，正是东方把另一种更加广泛、深刻和高明的理解方式传授给了我们，那就是通过生命去理解。对于这种方式，我们只有模糊不清的了解，认为它是各种宗教术语所产生的一种近乎朦胧的情感，因此我们欣然给这种东方"智慧"加上引号，将其归入宗教迷信这一模糊领域。但如此一来，我们便完全误解了东方的"实事求是"（Sachlichkeit）。东方智慧并不是苦行的隐士和怪人所给出的一些近乎病态的神秘直觉，而是基于中国思想精英的实修洞见，对此我们没有任何理由表示轻视。

这一断言也许过于大胆，从而会招致某种质疑。不过，考虑到我们对这份材料极为陌生，这种质疑是可以理解的。此外，它对我们来说显得异常陌生，我们不知道中国的思想世界如何以及在何处能与我们的思想世界联系起来，这种困窘是完全可以理解的。面对东方思想时，西方人常犯的错误是，他就像《浮士德》中的学者那样受魔鬼的蛊惑而轻蔑地抛弃科学，转向东方的迷狂，原样照搬一些瑜伽功法，成为可怜的模仿者。神智学（theosophische）便是这一错误的最佳例证。此时他已经背弃了西方精神的稳固基础，迷失在语词和概念的迷雾之中。这些语词和概念永远不会从欧洲人的大脑中产生出来,也永远不会与之嫁接出果实。

古德云:"邪人行正道,正道悉归邪。"不幸的是,这句异常正确的中国格言与我们的信念形成了鲜明对比,我们相信"正确的"方法与使用方法的人无关。实际上,在这些情况下,一切都取决于人,而很少依赖或完全不依赖于方法。方法只是一个人所遵循的途径和方向,以使其行动方式能够真实地表达其本性。如果方法与他的本性不相契合,那么这种方法就仅仅是一种装模作样,是某种人为附加的、毫无根基和活力的东西,仅仅服务于自欺欺人的不正当目的,成为愚弄自己和逃避无情的自性法则的一种手段。这与中国思想的脚踏实地和真诚毫无关系。相反,它是对其自身本性的放弃,是在陌生不纯的众神面前的自我背叛,是为了取得心灵上的优势而采取的怯懦伎俩,所有这些都与中国"方法"的本意背道而驰。因为中国的这些洞见源于完整而真诚的生活,源于古老的中国文化生活,这种文化生活是从其最深的本能中自然而然、协调一致地产生出来的,对我们来说遥远且无法模仿。

西方人对东方的模仿是悲剧性的,因为这种模仿乃是源于一种非心理学的误解。这种误解就像在新墨西哥、美丽的南海诸岛以及中非发生的那些现代冒险行为一样,是不会开花结果的。在那些地方,西方文明人严肃地玩着"原始性"的把戏,暗地里逃避其困难重重的任务,正如那句名言所说,"这里是罗得岛,就在这里跳吧(*Hic Rhodus*,*hic salta*)"。[①] 因此,问题不在于模仿外来的东

[①] 这句话出自伊索寓言中的《说大话的人》,这个人吹嘘自己曾在罗得岛跳得很远很远,人们就对他说了这句话。——译者注

西，更不在于成为外来思想的传教士，而在于立即开始塑造已经百病缠身的西方文化。这必须由真正的欧洲人来完成，他需要带着他的婚姻问题、神经官能症、对社会和政治的幻觉以及整个世界观上的迷失方向置身于西方的日常活动中。

我们最好是承认，从根本上讲，我们并不理解这样一部著作所说的超脱尘世是怎么回事，事实上也不想理解。中国人已经充分满足了自己本性的本能要求，以至于几乎没有什么能够阻止他们洞悉世界的不可见本质。他们那种把视线转向内心从而超脱尘世的心态，我们是否觉察到了呢？或许，这种内视的前提条件是把我们从束缚于可见世界的欲望、野心和激情中解脱出来？这种解脱难道不是必定源于有意义地满足本能要求，而不是源于一种心怀恐惧的、不成熟的压抑吗？也许只有服从了世间法则，我们才能自由地认识精神世界？只要一个人关注中国的文化史，并且认真研究过《易经》这部影响了所有中国思想数千年的智慧之作，他就不会轻易放过这些问题。而且他知道，在中国的意义上，这部经典所提出的观点并不是一些闻所未闻的东西，而仅仅是些无可避免的心理学结论。

长期以来，在我们典型的基督教精神文化中，精神（Geist）和对精神的爱一直是纯粹正面的和最值得追求的。只是在中世纪行将结束时，也就是在 19 世纪，精神开始退化为理智（Intellekt），那种难以忍受的理智主义（Intellektualismus）的统治才得到反抗。这种理智主义导致了一个可以原谅的错误，那就是把理智和精神混为一谈，并且把理智的过失归咎于精神。当理智试图把精神的遗产据为己有时，它便有害于灵魂（Seele）了。理智绝对没有这个能力，因为精神是某种高于理智的东西，它不仅包含理智，而且还包含情感（Gemüt）。精神是生命的方向和本原，追求那超人的光辉顶峰。与之对立的则是阴性的、黑暗的、属地的本原（"阴"）及其直达时间深处和身体根源联系的情感性（Emotionalität）和本能性（Instinktivität）。这些概念无疑是纯粹直觉的洞察，但如果想把握人类心灵的本质，这些概念就是不可或缺的。中国不能没有这些概念，因为正如中国哲学史所表明的，中国从未远离过核心的心灵事实（seelischen Gegebenheiten），因此从未迷失于对单一心理机能的片面夸大或过高评价。也正因如此，中国人对于生命的悖谬和极性一直都有清醒的认识。对立双方总能保持平衡——这是高等文化的标志；而片面性（Einseitigkeit）虽然总能提供动力，却是野蛮的标志。如今西方开始反抗理智，推崇厄洛斯（Eros）或直觉，我只能认为这是文化进步的标志，是意识突破了专横的理智所设定的过分狭窄的界限。

我绝不想低估西方理智的巨大分化（Differenzierung），以此衡量，东方理智可以说是幼稚。（这当然与智力无关。）如果我们能够成功地把另一种或第三种灵魂功能提升到与理智相当的尊贵地位，西方就有可能超出东方很多。而现在欧洲人却背离自己，矫揉造作地模仿东方，这着实令人悲哀。如果欧洲人能够真实地面对自己，以自己的方式从自身本性中发展出东方历经数个世纪从其本性中产生的一切成果，那么前景将会广阔得多。

从理智的无可救药的外在角度来看，东方最为珍视的东西一般来说似乎并不是我们孜孜以求的。特别是，单凭理智根本无法理解那些东方思想对我们可能具有的实际重要性，因此理智仅仅把这些思想归于哲学或民族学的猎奇。这种缺乏理解是如此普遍，以致连一些博学的汉学家也不能理解《易经》的实际运用，从而把它看成一堆神秘难解的符咒。

2. 现代心理学开启了一种理解的可能性

我在实际工作中的经验为我接近东方智慧打开了一条意想不到的崭新道路，不过应当注意，起初我对中国哲学还没有任何了解，当我开始从事精神病学和心理治疗的毕生工作时，我对中国哲学其实一无所知。只是到了后来，我的医疗经验才向我表明，我使用的一些技巧已经无意中把我引上了一条神秘的道路，对于这条道路，东方的贤哲们已经潜心研究了数个世纪。这样说可能会被视为主观想象，这也是我此前从不发表这些东西的一个原因，但阐释中国灵魂的卓越专家卫礼贤径直向我确证了这种一致性，他使我鼓起勇气去评述这样一部中国著作。就其实质而言，它笼罩着东方精神的神秘气息，但从内容上看（这极为重要），它却与我的病人的心理发展过程惊人地相似，而这些病人都不是中国人。

为使读者更容易理解这个奇特的事实，我必须提到，正如人的身体拥有一种超越了所有种族差异的共同解剖结构，人的心灵也拥有一种超越了所有文化和意识差异的共同基底（Substrat），我称之为"集体无意识"（kollektive Unbewusste）。这种为全人类所共有的无意识心灵不仅包含那些能够变成意识的内容，而且也包含让人做出相同反应的潜在倾向。因此，集体无意识就是对超越了所有种族差异的相同大脑结构的心灵表达，这样便解释了为什么世界上有那么多相似甚至完全相同的神话主题和象征，也解释了人类为什么能够相互理解。各种不同的心灵发展路线都出自一个共同的主干,其根源则可以追溯到所有过往。人与动物在心灵上的类似甚至也在于此。

从纯粹心理学的角度来看,这与人类共同的想象本能和行动本能有关。一切有意识的想象和行动都是在这些无意识原型的基础之上发展起来的,并且一直与之相联系,在意识的清醒度还不够高时尤其如此,也就是说,此时心灵的各种功能更多依赖于本能而不是依赖于有意识的意志,更受情感而不是理性判断的控制。这种状态保证了一种原始的心灵健康。然而,一旦环境变化要求更高的道德努力,心灵就立刻变得不适应了。仅仅对一个总体上一直保持不变的自然来说,本能才是足够的。因此,更多依赖于无意识而不是依赖于有意识选择的个体,会倾向于明显的心理保守主义。原始人数千年来都不发生变化,而且害怕一切陌生和异乎寻常的事物,便是由于这个原因。倘若他不够保守,这可能会使他不够适应,并且导致巨大的心灵危机,也就是导致某种神经官能症。只有通过对陌生事物的吸收同化,才能使意识变得更高更广。这种意识倾向于自治,倾向于反抗旧的神祇,而这些神祇不过是迄今一直压制意识的那些强大的无意识原型罢了。

意识和有意识的意志越是强大和明显,无意识就越被压到幕后,意识结构就越有可能从无意识原型中解放出来。如此获得自由之后,意识结构便可以挣脱单纯本能的锁链,最终达到一种丧失本能或与本能对立的状态。这种除了根的意识再也不能求助于原型意象的权威,它固然获得了普罗米修斯式的自由,但也拥有了一种无神的傲慢。它虽然翱翔于尘世之上,甚至翱翔于人类之上,但倾覆的危险也在于此。当然，面临这种危险的并非每一个个体，而是这样一种集体的弱者，他们会像普罗米修斯一样被无意识锁在高加索山上。智慧的中国人可能会借《易经》中的话说：阳极阴生，阴生于午，由阳转阴。

医生可以看到这样一种变化被原封不动地转移到生活中，比如一个成功的商人通过打拼获得了他所想要的一切，在成功的巅峰不再从事工作，没过多久便突然患上了神经官能症，这种病把他变成了一个下不了床的长期患病的怨妇，最终彻底被摧毁。从阳到阴的转变都反映在其中。《但以理书》中关于尼布甲尼撒（Nebukadnezar）的传说以及独裁者的普遍疯狂与此极为相似。有意识见解的偏执以及与之相应的无意识的阴性反应是我们这个时代精神病治疗的重要组成部分，这个时代过分看重有意识的意志，相信"有志者事竟成"。我丝毫不想贬低有意识的意志的崇高道德价值，我们仍然可以不加贬低将意识和意志视为人类最高的文化成就。但一种摧毁人类的道德又有什么用呢？在我看来，使意志与能力协调一致要比道德更重要。不惜一切代价的（à tout prix）道德是野蛮的标志，在我看来智慧往往要更好一些。但我也许是戴着医生的职业眼镜去看这一点的，我不得不去治疗因文化的过度发展所导致的伤害。

无论如何，事实就是，意识受必然的偏执所激励而远离了原型，最终导致了崩溃。在灾难发生之前很久，错误之兆就已经显现出来，比如丧失本能、神经质、失去方向、纠缠于一些不可能的情况和问题，等等。医生诊疗时会发现，无意识一直在反抗意识的价值观，因此不可能被意识吸收同化，反过来的情况也绝不会发生。我们所面对的是一种似乎不可调和的冲突,人的理性无法解决它,除非通过佯装解决或可疑的妥协。如果这两种回避方式都不可行,那么我们要问:迫切需要的人格统一性何在?追求这种统一性的必要性有多大?正是在这里,我们开始走上了东方人早已走过的道路。中国人之所以能够发现这条道路,显然是因为他们从未让人性的对立面过分远离,以致失去了一切有意识的联系。而中国人的意识之所以能够包容一切,是因为是与否一直保持着原初的临近性,就像在原始的心灵状态中那样。尽管如此,他们必定会感觉到对立面的冲突,于是要寻找一条道路使之从对立面中解脱出来,一如印度人所说的"无争"(nirdvandva)。

我们所讨论的这部经典便涉及这条道路,我的病人们也涉及同一条道路。对于西方人来说,最大的错误莫过于直接照搬中国的瑜伽功法,因为问题仍然是他的意志和意识,这只会加剧意识与无意识的对立,导致本来想要避免的结果,神经官能症也会随之加重。我们不是东方人,因此在这些事情上有着完全不同的出发点,这一点似乎怎么强调也不为过。如果认为这是所有神经官能症患者都必须走的道路,或是解决每一个阶段的神经官能症问题的途径,那将是极大的错误。只有当意识发展到反常的程度,从而与无意识过分远离时,它才可能有用。这种高度的意识是必要条件。最大的错误莫过于让那些因无意识过分占据统治地位而致病的神经官能症患者采用这种方法。出于同样的理由,这条发展道路对于中年(通常在35岁到40岁之间)以前的人几乎没有什么意义,甚至可能有害。

如上所述,我之所以要走上一条新路,是因为在我看来,如果

11

12 不对人性的某一面加以强制,病人的根本问题就无法得到解决。我在工作中一直坚信,从根本上说并不存在无法解决的问题。经验也向我证明了这一点,因为我经常看到有些人轻易便超越了别人无法超越的问题。更进一步的经验表明,我所谓的这种"超越"(Überwachsen)原来是意识层次的一种提升。一种更高更广的兴趣在视域中出现了,随着视域的开阔,尚未解决的问题变得不再紧迫。这个问题并不是就其自身以逻辑的方式得到解决,而是面对着一种新的、更强的生命指向而逐渐消解了。它并没有遭到压制而成为无意识,而仅仅是呈现在另一种光亮中,因此也变得有所不同。在较低层次导致最激烈冲突和充满恐慌的情感爆发的那些东西,现在从人格的更高层次来看,宛如从高山山顶上俯瞰山谷中的一场雷雨。这并不是说这场雷雨已经不复存在,而是说人已经不在其中,而是位于它之上。但是从心灵的角度看,我们既是山谷又是山峰,因此感觉自己超越于人似乎是一种徒劳的幻觉。我们当然会感受到情感,并且为之震撼,受之折磨。但与此同时,我们也能觉知到一种更高的意识,它阻止我们把自己等同于情感,使我们能够客观待之,并可以宣称:"我知道我在受苦。"我们这部经典在谈到昏沉时说:"昏沉而不知,与昏沉而知,相去奚啻千里。"这也完全适用于情感。

在我的工作实践中,时常会遇到病人凭借一种难以理解的能力而超越自己,对我来说,这乃是最宝贵的经验。在此期间我终于认识到,从根本上说,最大、最重要的人生问题都是解决不了的,因为它们表达了内在于一切自我调节系统中那种必然的两极性。它们不可能解决,而只能超越。因此我问自己,这种超越的可能性,也就是心灵进一步发展的可能性,是否是不正常的?仍然陷在冲突之中是不是病态的?每个人都必定至少潜在地具有这种更高的层次,在合适的环境下就能使这种可能性发展起来。当我认真考察那些悄无声息、仿佛无意识地超越了自我的人的发展道路时,我发现他们的命运有某种共同之处:无论产生于外部还是内部,新事物从那个晦暗不明的潜在可能性领域进入了他们,他们接受了新事物,并由此进一步成长。典型的情况是,有的人从外部接受新事物,有的人从内部接受新事物,或者毋宁说,新事物有时从外部落到人身上,有时从内部落到人身上,但绝不是全然来自外部或全然来自内部。如果来自外部,它将成为最内在的体验;如果来自内部,它将成为最外在的事件。但无论如何,它绝不会是凭借目的和有意识的意愿而产生的,而更像是溢出了时间之流。

我们总是急于尝试把一切变成目的和方法,所以我故意表达得非常抽象,以免造成偏见。不能给新事物贴上这样那样的标签,否则它就成了可以"机械"复制的方法,于是又成了"邪人"行"正道"。命运安排的新事物很少甚至从未符合过有意识的期待,这给我留下了极深的印象。更令人惊奇的是,虽然新事物往往与我们所知道的根深蒂固的本能相抵触,但它是对整体人格极为恰当的表达,我们无法设想还有什么表达比它更完整。

为了取得进步,解放自己,这些人做了什么呢?据我所知,他们什么也没有做(无为),而只是让事情如其本然地发生,正如吕祖所教导的,如果一个人不放弃他的日课,神光就会按照自己的规律运转。让一切顺其自然地发生,无为而为,"放开自己",埃克哈特大师(Meister Eckhart)所传授的这些技艺成为我成功打开通向道的大门的钥匙：**在心灵上必须听任事情**发生。对我们来说，这成了一种鲜为人知的真正技艺。一般人的意识总是在干预、帮助、纠正和否定，从来不让心灵过程宁静地简单发展。这项任务本来是足够简单的（如果简单不是一切事情中最难的话！）。它所要做的仅仅在于，首先客观地观察心灵发展中的某个幻念（Phantasiefragment）。再没有什么比这更简单了，但困难也正始于此。人似乎没有什么幻念——或者有——但这太愚蠢了——我们可以举出上千条好理由去反驳："我无法全神贯注于它"、"它太无聊了"、"又会有什么结果呢？"、"它不过是……而已"，等等。事实上，意识提出大量异议，往往就是要清除这些自发的幻想活动，即使我们决意要让心灵过程不受干扰地进行。在许多情况下都存在着一种真正的意识发作（Bewusstseinskrampf）。

即使成功地克服了最初的困难，意识随后还会进行评判，试图对幻念进行解释、分类、美化或贬低。这样做的诱惑简直无法抗拒。在全面而忠实地观察一段时间之后，意识的急躁就可以得到遏制，这是势在必行的，否则就会产生阻碍性的力量。但是在每次观察幻念时，必须把意识活动重新搁置一边。

在大多数情况下，这些努力的结果起初并不那么鼓舞人心。这些幻念原本就交织在一起，说不清楚它们的来来去去。此外，获得幻念的途径也因人而异。对于有些人来说写出来最容易，对于另一些人来说想象起来最容易，还有人则愿意或有形或无形地将它们画下来。那些意识高度发作的人往往单靠手就可以表达幻念，他们会画出一些对意识来说往往完全陌生的图案。

这样的修炼必须坚持到意识发作完全释放，或者说直到让事情顺其自然，这是修炼的下一个目标。由此建立了一种新的态度，这种态度也能接受非理性和无法解释的东西，因为它们是正在发生的事情。如果一个人已经被正在发生的事情压倒了，那么这种态度不啻为一种毒药；但是对那些具有完全自觉的判断力、只从正在发生的事情中选择出适合他们意识的事情以致逐渐步出生命之流而陷入一潭死水的人来说，这种态度则具有极高的价值。[15]

在这里，我们前面提到的两种类型的人所走的道路似乎是分开的。两者都学会了接受他们所面临的事物。（正如吕祖所教导的："事来要应过，物来要识过。"）但一种人主要接受来自外部的东西，另一种人则主要接受来自内部的东西。根据生命法则，一种人将从外部接受他以前从未从外部接受的东西，另一种人则将从内部接受以前一直被他排除的东西。当以前的价值（只要不是纯粹的幻觉）随着变化而得到坚持时，这种本性的逆转就意味着人格的扩展、提升和丰富。如果这些价值没有得到坚持，人就会走到另一面，从健康变成不健康，从适应变成不适应，从神志清醒变成神志不清，甚至从理性变成精神错乱。这条道路并非没有危险。一切好东西都是昂贵的，人格的发展则属于最昂贵的东西。它涉及对自我的肯定——把自我当成最严肃的任务，对我们所做的一切都保持警觉，时刻关注一切可疑的方面——这其实是一项触及我们核心的任务。

中国人可以把整个中国文化的权威当作后盾。如果他走上了这条漫长的道路，那么他所做的会被视为他所能做的最好的事情。而西方人若想真正走上这条道路，则会遇到理智、道德、宗教等各方面权威的反对。因此,人们要么极为省事地模仿中国,把处于困境的欧洲人抛下不管,要么试图重新回到基督教会的欧洲中世纪,重新筑起欧洲的高墙,把可怜的异教徒和人种学的好奇心挡在真正的基督徒之外。对生活与命运在审美或思想上的挑逗在这里戛然而止。对更高意识的追求使我们离开了一切掩体和保护设施。人必须全身心地投入这条道路,因为他只有出于真诚才能继续前进,只有他的真诚才能保证其道路不会沦为荒谬的冒险。

无论一个人的命运是得自外部还是内部,对道的体验和道的事件都是一样的。因此对于各种外在和内在的事件,我不必多说,其无穷无尽的变化我永远无法穷尽。而且这对于我们所要评述的著作无甚意义。但对于进一步发展所伴随的心灵状态,则有许多东西可说。在这部经典中,这些心灵状态都是以象征方式表达的,而我在多年的工作实践中早已熟知这些象征。

二、基本概念

1. 道

向欧洲人解释这类著作所面临的巨大困难在于,中国作者一上来谈论的就是中心点,即他想要达到的目的、目标或最深的终极境界。也就是说,其出发点对人的要求相当高。即使是一个具有理智批判性的人,倘若他胆敢对伟大的东方人极为微妙的心灵体验进行理性讨论,他也会感觉自己是带着可笑的自命不凡在说话,甚至是满口胡言。例如,这部经典的开篇是"自然曰道"。《慧命经》的开篇是"盖道之精微,莫如性命"。

西方思想的一个典型特征是它根本没有"道"的概念。"道"这个字由"首"和"走"这两个字所组成。卫礼贤把"道"译成 Sinn(意义),还有人将其译为 Weg(道路)、Providence(天恩),耶稣会士甚至将其译为 Gott(神),由此可见翻译的困难。"首"可以理解为意识,①"走"可以理解为"走路",于是"道"这个概念就是:"有意识地走"或"自觉的道路"。与此相一致,"天光",即"居于两目之间"的"天心",被认为与"道"同义。性与命就包含在"天光"中,根据柳华阳的说法,性与命是道最重要的秘密。这里"光"是慧的象征,而慧的本质又通过光的类比得到表达。《慧命经》的引子是这样一首诗:

> 欲成漏尽金刚体,
> 勤造烹蒸慧②命根。
> 定照莫离欢喜地,
> 时将真我隐藏居。

这首诗包含了某种炼丹术指导,一种产生"金刚体"的方法或途径,这在《太乙金华宗旨》中也有提及。为此,"烹蒸"是必不可少的,也就是说,必须对慧进行提升,神的居所才能被"照亮"。需要提升的不仅是慧,还有命本身。两者结合便产生了"慧命"。由《慧

---

① "首"也是"天光之所居"。
② 在《慧命经》中,"性"和"慧"是可以换用的。

命经》可知,古代圣贤通过慧命兼修,已经知道如何弥合慧与命之间的鸿沟。"舍利由此而炼,大道由此而成"。

如果把"道"理解成将分离的东西统一起来的方法或自觉的道路,我们可能就接近了"道"这个概念的心理学内容。无论如何,大概只能把慧与命的分离理解成前面所描述的意识的偏差(Abweichung)或除根(Entwurzelung)。毫无疑问,使人意识到对立面,也就是"回光",意味着与无意识的生命法则重新结合,其目的在于获得自觉的生命(慧命),用中国人的话来说就是"回归于道"。

2. 回光和中心

正如已经指出的那样,在更高的意识层次上,对立面的统一[①]并不是理性的事情,也不是意志的事情,而是用**象征**表达的心灵发展过程。在历史上,此过程一直是以象征来表达的,到了今天,个体人格的发展仍然是通过象征来阐明的。对我来说,这一事实来自以下经验:我们前面所说的那些自发产生的幻念逐渐深化和集中到某些抽象结构周围,这些结构似乎表达了"本原"(Prinzipien),真正的灵知本原(gnostische archai)。如果这些幻念主要以思想的方式表达出来,那么出现的就是对隐约感觉到的法则或本原的直觉表述,这些法则或本原往往会被戏剧化或人格化。(我们稍后还会讨论这一点。)如果这些幻念被画出来,那么出现的就是象征

---

① 参见我在 *Psychologische Typen*,Kap. V. Ges. Werke, Bd. 6, 1960 中的阐述。

图案,其主要类型是所谓的"曼荼罗"[①](Mandala)。[②] 曼荼罗意指一个环,特别是一个魔环。曼荼罗不仅见于整个东方,在西方也不鲜见,中世纪绘制的大量曼荼罗便是明证。基督教曼荼罗尤其见于中世纪早期,多是基督位于中心,四位福音书作者或他们的标志位于四个方位基点。这种观念必定非常古老,因为埃及人也用同样的方式来描绘何露斯(Horus)[③]和他的四个儿子。[④] (据说何露斯和他的四个儿子与基督和四位福音书作者密切相关)。后来雅各布·波墨(Jacob Böhme)[⑤]讨论灵魂的书中[⑥]有一幅清晰的、极为有趣的曼荼罗。很容易看到,这幅曼荼罗与一个具有强烈基督教特点的心灵宇宙体系有关。波墨把它称为"哲眼"[⑦]或者"智慧之镜",这显然意指一些秘密知识。曼荼罗的形状多为花、十字或轮子,而且明显倾向于以四作为结构基础(这让人想起了毕达哥拉

---

① 曼荼罗:印度教密宗与佛教密宗中象征宇宙的图形,在举行宗教仪式时使用,或作为修习禅定的方法。曼荼罗是宇宙力量的聚集点。借由精神上"进入"曼荼罗并向其中心前进,象征经历宇宙的分解与复合。曼荼罗可画在纸上、布上、地上、青铜或石头上。基本上分为两类,代表宇宙不同的两面——胎藏界和金刚界,前者的运动是从一到多,后者则是从多到一。——译者注

② 关于对曼荼罗的详细讨论,参见 H. Zimmer,*Kunstform und Yoga im indischen Kultbild*. Berlin,1926;M. Eliade,*Yoga*,*Unsterblichkeit und Freiheit*. 1960;Jung,*Zur Empirie des Individuationsprozesses* 以及 *Über Mandalasybolik*,载 *Gestaltungen des Unbewussten*. 1950。

③ 何露斯:古埃及神祇,头似隼,双目为太阳和月亮。埃及国王被视为何露斯的活化身。——译者注

④ 参见 Wallis Budge,*The Gods of the Egyptians*. London,1904。

⑤ 雅各布·波墨(1575—1624):德国神秘主义者。——译者注

⑥ *Viertzig Fragen von der Seele*. Amsterdam,1682。

⑦ 可与中国关于两眼之间的"天光"概念作比较。

斯主义体系中的基本数"圣四"[Tetraktys]①）。这样的曼荼罗亦可见于普韦布洛（Pueblos）印第安人仪式中使用的沙画。② 不过，最美的曼荼罗当然出自东方，尤其是西藏佛教。《太乙金华宗旨》的象征图案也是用这些曼荼罗描绘出来的。我还在精神病人那里发现了曼荼罗图案，这些病人对我们所讨论的联系当然一无所知。③

我的病人中有一些妇女，她们不是把曼荼罗画出来，而是用舞蹈将其表现出来。在印度，这被称为"曼荼罗舞"（Mandala nritya）。舞姿表达了与绘画相同的意思。病人们很少能够说出曼荼罗图案的含义，而只是为之着迷，觉得它们完全能够表达和作用于其主观的心灵状态。

我们这部经典承诺"揭示太乙金华的秘密"，金华即光，天光即道。金华是一个曼荼罗图案，我常常会在我的病人那里碰到。它要么在俯视图中被画成一种规则的几何装饰，要么在正视图中被画成从一株植物里长出的花。这株植物往往有着火焰一般的明亮色彩，从黑暗的背景中生长出来，顶部绽放着光之花（与圣诞树的形象相似）。这样的画同时也表达了金花的产生，因为根据《慧命

---

① Tetraktys 一般译为"圣十结构"，它是由十个点组成的三角形数：顶部的第一行为一个点，第二行为两个点，第三行为三个点，第四行为四个点。对于毕达哥拉斯学派的秘密崇拜来说，圣十结构是一个重要的神秘符号。——译者注

② Matthews, *The Mountain Chant*: *A Navajo Ceremony* (*Fifth Annual Report of the Bureau of Ethnology*, 1883—1884) 和 Stevenson, *Ceremonial of Hasjelti Dailjis* (*Eighth Annual Reports of the Bureau of Ethnology*, 1886—1887)。

③ 我在 *Über die Psychologie und Pathologie soenannter okkulter Phänomene*. 1902. (Ges. Werke, Bd. 1) 中描绘了一位梦游症患者所画的曼荼罗。

经》的说法,"原窍"(Keimblase)就是"黄庭"、"天心"、"灵台"、"寸田尺宅"、"玉城之帝室"、"玄关"、"先天窍"、"海底龙宫",它也被称为"雪山界地"、"元关"、"极乐国"、"无极之乡"、"修慧命之坛"。《慧命经》说:"修士不明此窍,千生万劫,慧命则无所觅也。"

天地之初,万物未分,因此即将作为最高目标出现的东西仍然位于幽暗的无意识海底。在原窍之中,意识和生命(性—命)仍然"合而为一","融融郁郁,似炉中之火种"。"夫窍内有君火","漏尽之窍,凡圣由此而起"。请注意火这个比喻。我知道一系列欧洲曼荼罗图案,显示有一个被层层包裹的植物种子似的东西在水中漂流,火焰从下面很深的地方穿透种子使其成长,从原窍中遂生出一朵硕大的金花。

此象征与一种"修炼"的炼丹过程有关,阴中生阳,"水乡铅"中生出"尊贵"的金。在生命成长过程中,无意识变成了意识(印度的昆达里尼瑜伽[Kundaliniyoga]与此非常相似)。① 这样一来,慧与命便统一起来了。

我的病人们当然不是通过暗示才画出这些曼荼罗图案的,因为早在我知道它们的含义及其与东方修炼(当时我对此还非常陌生)的关联之前很久,类似的图案就已经有了。这些图案是非常自发地产生的,它们有两个来源:其一是无意识,由它自发产生了这些幻象;其二是生命,全身心地投入生命就能带来对自性的直觉。对自性的觉知表现在曼荼罗中,无意识迫使人投入生命。与东方人的观念完全一致,曼荼罗图案不仅是表达,而且会产生作用,它

---

① 参见 A. Avalon, Die Schlangenkraft. Weiheim, 1961。

会反过来作用于它的制作者。曼荼罗图案中隐藏着非常古老的魔力，因为它最初源于"围环"(hegenden Kreis)或"禁区"(Bannkreis)，其魔力保存在许多民间习俗中。[①] 这种图案显然是为了画出一种"原始沟迹"(sulcus primigenius)，一种围绕着中心的有魔力的沟纹，一种最深层人格的"圣域"(templum 或 temenos)，以防止"外泄"，或者说要以避邪的手段防止因外界影响而造成偏离。这种有魔力的习俗其实只是心灵事件的投射，而它们又反过来作用于心灵，就像是施魔力于自身的人格。也就是说，通过这些直观的操作使人的注意力或关切回到内在的神圣领域。这里是灵魂的起源和目的，包含了慧与命的统一。我们曾经拥有这种统一，但后来失去了，现在要重新将它找回来。

　　慧与命的统一就是道，道的象征是中间的"白光"（类似于《中阴闻教得度》[*Bardo Tödol*，又译《西藏度亡经》][②]）。这道光居于"方寸"或"面部"，即两目之间。这些象征使这个有强度但无广度的"创造性的点"得到了直观说明，这个点被认为与象征着广度的"方寸"空间相联系。这两者合在一起就是道。本性或意识（性）以光为象征，因此有强度，而生命（命）则与广度相合。性属阳，命属阴。前面提到我三十年前看到的一个患梦游症的15岁半小女孩所画的曼荼罗，中间是一个没有广度的"生命能量之泉"，它在向外喷涌时与一个对立的空间本原直接相撞。此象征图案与中国人的基本思想非常类似。

　　[①] 参见 E. F. Knuchel, *Die Umwandlung in Kult, Magie und Rechtsbrauch*. Basel, 1919 这部出色的选集。

　　[②] Evans-Wentz, *Das tibetanische Totenbuch*. 6. Aufl. Zürich, 1960.

在我们这部经典中，"围绕"（Umhegung 或 *circumambulatio*）是通过"回光"（Kreislauf）的观念来表达的。"回光"不仅是圆周运动，而且一方面意指对圣域的隔离，另一方面意指固定和集中。日轮开始转动，也就是说，太阳有了活力，开始按轨迹运行，换句话说，道开始起作用并主导万物。有为置身于无为之中，也就是说，周围的一切都要服从中心的命令，所以"动者……即制字之别名也"。在心理学上，回光是"围绕自己转圈"，由此显然使人格的所有方面都包含在内。"转运阴阳"，亦即产生了日夜交替。"天国的光辉与恐怖的深夜交替着"。①

于是，这种回光也有一种道德含义，它激活了人性中所有光明和黑暗的力量，并且随之激活了心理上的所有对立面，无论它们属于何种类型。这实际上意味着通过自我培育（印度人称之为 tapas）而觉悟。与完满造物类似的一个原始概念是柏拉图所说的那种雌雄同体的圆滚滚的人。

安娜·金斯福德（Anna Kingsford）②的合作者爱德华·梅特兰（Edward Maitland）对自己核心体验的描述与此非常相似。③接下来我将尽可能按照他的原话叙述。他发现，在反思一个念头时会有一长串相关的念头出现，似乎可以一直追溯到它们真正的来源，对他来说那就是神圣的精神（göttliche Geist）。通过集中于

---

① 引自歌德《浮士德》。——译者注
② 安娜·金斯福德（1846-1888），英国女权主义者、素食主义者、反对活体解剖的先驱。——译者注
③ 感谢我尊敬的同事纽约的比阿特丽斯·辛克尔（Beatrice Hinkle）博士的指点。其标题为：Edw. Maitland, *Anna Kingsford. Her Life, Letters, Diary and Work*. London, Redway, 1896。特别参见 p. 129 f.。

这一系列念头,他试图追溯到它们的起源。他说:

> 我开始进行尝试时绝没有任何了解,也没有任何期待。我只是在对这种官能进行实验……我坐在写字台前,想把结果按顺序记下来。我决心把我外在和周围的意识都记录下来,无论我能走进我内在的核心意识多远。因为我不知道一旦放开前者,我是否还能重新获得它,或者是否还能回想起刚才体验到的东西。经过艰苦的努力,我最终如愿以偿。由于要竭力同时关注意识的两个极端,导致我的精神十分紧张。开始时,我感觉自己就像在爬一架长长的梯子,从一个系统的周围爬向它的中心,该系统同时也是我的系统,太阳的系统和宇宙的系统。这三个系统既不同又相同……最终,通过最后一次努力,……我成功地把我的意识光线都集中在所盼望的焦点上。就在这时,那些光线仿佛突然被点燃,融为一体,我面前是一片难以形容的耀眼白光,其强大的力量几乎把我击退。……虽然我感到进一步探究这种光对我来说已不再必要,但是为了更有信心,我还是决定尽力穿透那几乎使我失明的光芒,看看里面究竟藏着什么。经过艰苦的努力,我成功了。……它是圣子的二性……未显现的显现出来,未界定的得到界定,未成为个体的成为个体,作为主的上帝以其二性证明了上帝既是本体又是力,既是爱又是意志,亦阴亦阳,亦父亦母。

他发现上帝像人一样是合二为一的。除此之外,他还注意到了我们这部经典中也强调的东西,即"止息"。他说普通的呼吸停止了,一种内呼吸取而代之,仿佛有一个异于其身体器官的人在他内部呼吸着。他认为这就是亚里士多德所说的"隐德莱希"(Entelechie),使徒保罗所说的"内在基督","在肉体和现象意义上的人的内部所产生的精神的和实质的个体性,从而代表了人在超越层次上的再生"。

这种真实的①体验包含了我们这部经典中的所有重要象征。此现象本身,即看到光,是许多神秘主义者的共同体验,它无疑有着非凡的意义。因为在任何时间地点它都会作为无条件的东西出现,它将最大的力和最深的意义统一在自身之中。宾根的希尔德加德(Hildegard von Bingen)②是一个重要的人,撇开其神秘主义不谈,她曾以类似的方式讲述了她所看到的景象:

> 从童年时代起,我就一直能看到我灵魂中的一束光,但不是我外在的眼睛看到的,也不是用我的心想出来的;对于这种视觉,五种外感官都没有起作用。……我所觉察到的光并非来自局部,它比托起太阳的云还要明亮。对于它的长宽高,我根本无法做出区分。……我在这种视觉中所看到的和了解到的,长久以来一直保存在我的记忆深处。我同时进行看、听和认识,了解到我在同一时刻所认识的东西。……对于这种光,

---

① 这些体验是真实的,但其真实性并不能证明构成其内容的所有结论和信念都一定可靠。甚至在精神错乱的情况下,我们也能看到完全有效的心灵体验。
② 宾根的希尔德加德(1098—1179),德国女隐修院院长、神秘主义者、作曲家。——译者注

我完全分辨不出形态，虽然有时我在其中看到了另一种光，对我来说就是所谓的灵光（lebende Licht）。……当我陶醉于这种光景时，所有痛苦和悲伤都从我的记忆中消失了……①

我知道有几个人也亲身经历过这种体验。就我的理解能力所及，这种现象似乎与一种灵敏的意识状态有关，这是一种既抽象又强烈的"超然"意识。希尔德加德说得很恰当，它能把平时隐藏在黑暗中的心灵事件提升到意识领域。在这种体验中，一般的身体感觉往往会消失，这表明它们的特定能量已被从中取出，很可能被用来加强意识的清晰性。一般来说，这种现象是自然发生的，来去皆有自己的动力。其效果则令人惊讶，因为它几乎总能解决复杂的心灵问题，从而使内在人格从感情和思想的纠缠中解脱出来，由此产生一种存在的统一性（Einheit des Wesens），即通常感受到的"解脱"。

人凭借有意识的意志是达不到这样一种象征统一性的，因为在这种情况下意识是有偏袒的。其对手是集体无意识，而集体无意识理解不了意识的语言，因此需要让那些包含着原始比喻的有魔力的象征与无意识进行对话。无意识只有通过象征才能企及和得到表达，因此个体化（Individuation）离开了象征是不可能实现的。象征一方面是无意识的原始表达，另一方面则是与意识产生的最高预感相对应的观念。

---

① *Hildegards Brief an Mönch Wibert von Gembloux über ihre Visionen*（aus dem Jahre 1171）, p. 34 f.

我所知道的最古老的曼荼罗图案是最近在津巴布韦发现的一幅旧石器时代的所谓"日轮"。它也是建立在"四"的原则基础上。人类历史上如此久远的东西自然会触及无意识的最深层,并且能在意识语言显得相当无力的地方来把握无意识。这些东西不可能是设想出来的,而只能从被遗忘的深渊中再次生长出来,这样才能表达意识的最高预感和精神的最高直觉,从而把现在意识的独特性与生命的久远过去融合在一起。

三、道的现象

1. 意识的瓦解

只要受到严格限制但极为清晰的个体意识遭遇到集体无意识的巨大扩张,就会发生危险,因为集体无意识对个体意识有一种明显的瓦解作用。根据《慧命经》的说法,这种作用属于中国瑜伽修炼的独特现象。经上说:"分念成形窥色相,共灵显迹[化虚无]。"书中附有一图,图中一位修行者正在静坐,其头部被火焰环绕,从火焰中产生了五个人形,而这五个人形又分裂成二十五个更小的人形。① 倘若这种状态持续下去,那将是一个精神分裂症过程。因此图解中说:"神火化形空色相,性光反照复元真。"

于是不难理解为什么此书又重新论述了"围环"这种保护图。此环旨在防止"外泄",保护统一的意识不被无意识驱散。此外,中

---

① 静坐时产生的对早期化身的重现记忆亦属于此。

国思想还试图以这种方式减弱无意识的瓦解作用:它把"分念"称为"空色相",这样便尽可能地减弱了它们的力量。这种思想贯穿于整个佛教(尤其是大乘佛教),在《中阴闻教得度》对死者的教导中,它甚至认为无论善神还是恶神都是需要破除的幻象。当然,心理学家没有能力判定这种思想在形而上学上是对是错,而只能满足于尽可能地确定什么东西对心灵有作用。在此过程中,他不必操心相关的形相(Figur)是否是一种超验的幻觉,决定这一点的是信仰,而不是科学。长期以来,我们现在的活动领域似乎一直处于科学领域之外,因此完全被看成虚幻的。但这种看法毫无科学根据,因为这些事件就其实质而言并不是科学问题,无论如何,它们超越了人类的知觉能力和判断能力,因此不可能得到证明。心理学家并不关心这些情结的实质,而只关心心灵体验。它们无疑是可以体验的心灵内容,且具有毋庸置疑的自主性。它们是一些心灵的分系统(Teilsysteme),要么在出神的状态下自发出现,在一定环境下产生强烈的印象和效果,要么则以错觉和幻觉的形式固定下来而成为精神错乱,从而摧毁人格的统一性。

　　精神病专家总是倾向于相信是毒素一类的东西导致了精神分裂症(精神病中的心灵分裂),因此完全没有顾及心灵内容。而在精神错乱(比如歇斯底里、强迫性神经官能症等)的情况下,毒素作用和细胞退化根本不可能出现,但仍然会出现类似的自发情结分裂,比如在梦游的情况下。弗洛伊德恐怕会用无意识的性压抑来解释,但这种解释并非对一切事例都有效,因为从无意识中也可能自发地产生出意识所不能吸收的内容。在这些情况下,压抑假说是不管用的。此外,在日常生活中也可以从情感(Affekten)上观察到这种自主性,这些情感会不顾我们意志的反对和最大努力的压制而固执地压倒自我(Ich),迫使自我服从它们的意志。难怪原始人会视之为着了魔或丢了魂。我们的日常语言也反映了这一点,比如我们说:"他今天不大对劲","他鬼上身了","他魂不守舍","他失去了自制力","他好像中了邪"。甚至在法律实践上也会承认,情感状态会减轻一定程度的责任。因此对我们来说,自主的心灵内容是非常普遍的体验,这些内容对意识有瓦解作用。

但是,除了人所熟知的日常情感外,还有一些更加微妙复杂的情感状态,它们不再能被描述为单纯的情感,而是复杂的心灵分系统,它们越是复杂,就越具有人格特征。它们也是心理人格的组成部分,因此必然具有人格特征。这些分系统出现在没有精神性人格分裂(双重人格)的精神病中,在巫术现象中也很常见。它们亦可见于宗教现象,许多早期神祇就是从人发展成人格化的观念,最后成为抽象观念的。因为被激活的无意识内容最初总是显现为对外部世界的投射,在精神的发展过程中,意识逐渐把这些无意识内容的空间投射吸收掉,将其改造成被意识到的观念,在此过程中,它们原有的自主性和人格性也丧失了。我们知道,一些古老的神祇经由占星学而仅仅成为人的品性(好战的、快乐的、忧郁的、色情的、擅于推理的、精神失常的,等等)。

《中阴闻教得度》的教导尤其能使我们认识到,意识被这些形相所解体的危险是多么巨大。死者一再被教导不要误把这些形相当作真实,不要把它们模糊的显现与法身(Dharmakaya)的纯白之光混淆起来,也就是说,不要把最高的意识之光投射到具体化的形相中去,导致其分解成许多自主的分系统。倘若这里没有危险,

30 倘若这些分系统并非各种带有危险性的自主倾向,那么这种迫切的教导将没有必要。对于东方人那种更为简单的带有多神教倾向的心灵而言,这种教导的意义几乎等同于告诫基督徒不要被人格化上帝的幻觉所蒙蔽,更不要说三位一体以及数不清的天使和圣徒了。

倘若分裂倾向并非人类心灵的固有特性,那么这些心灵分系统根本就不会分开,换句话说就不会有各种精灵或神祇。也正因如此,我们这个时代才如此无神和世俗:因为我们不了解无意识的心灵,因为我们只崇拜意识。我们真正的宗教是意识的一神教(Monotheismus des Bewusstseins),我们被意识所控制,狂热地否认有自主的分系统存在。但在这里,我们区别于佛教的瑜伽学说,因为我们甚至否认这些分系统可以体验。这里有一种巨大的心灵危险,因为那样一来,这些分系统的表现将会类似于其他受压抑的内容:它们不可避免会引发错误观念,因为受压抑的内容会以非本真的形式再次出现在意识中。这个在所有神经官能症案例中都很显著的事实也适用于集体的心灵现象。在这方面,我们这个时代犯了一个致命的错误,那就是,我们相信可以用理智来评判宗教事实。比如拉普拉斯(Laplace)就认为上帝是一个假说,可以用理智加以肯定或否定。我们完全忘记了,人类之所以相信"魔鬼",其理由与一切外在的东西毫不相干,而是完全基于对自主分系统的强大内在作用的朴素认识。用理智来批判这种作用的名称,或者称之为错误,并不会消除这种作用。这种作用总是以集体的方式存在着,自主的系统也一直在起作用,因为短暂的意识波动不会触及无意识的基本结构。

如果我们否认分系统的存在，指望通过批判名称来消除它们，那么它们的持续作用就不可能被理解，因此它们也不再会被意识吸收。这样一来，它们就成了一种说不清楚的干扰因素，我们最终会认为它存在于外部的某个地方。由此便产生了分系统的一次投射，同时也导致了一种危险情形，因为这些干扰作用现在被归于外在于我们的一种恶念，我们当然找不到它，除非是在我们邻居那里，即"河的另一边"。这导致了集体幻觉、战争起因和革命，简而言之就是导致了毁灭性的大众精神病。

精神错乱是被一种无意识内容所控制，这种内容本身不被意识吸收，也不可能被吸收，因为意识已经否认了这种内容的存在。用宗教方式来说：人对神不再有任何恐惧，一切都由人的标准来衡量。这种傲慢，亦即意识的偏狭，始终是通往精神病院的最短路径。①

《慧命经》中说的"神火化形空色相"可能会让有见识的欧洲人产生共鸣。这句话听起来非常欧洲，似乎很适合我们的理性。事实上，我们自诩已经达到了如此清晰的程度，是因为这些神祇的幻影似乎早已被我们抛到了脑后。但我们抛掉的仅仅是语词的幽灵，而不是那些导致神祇产生的心灵事实。我们仍然受制于我们自主的心灵内容，就好像它们是神祇。今天，这些心灵内容被称为恐惧症、强迫症等，简而言之就是神经官能症的症状。众神成了疾病，宙斯统治的不再是奥林匹斯山，而是腹腔神经丛（Plexus

---

① 关于对这个问题的出色描写，我推荐 H. G. Wells, *Christina Alberta's Father* 和 Schreber, *Denkwürdigkeiten eines Nervenkranken*（Mutze, Leipzig）。

Solaris），他导致了需要医生诊断的怪事，或者扰乱了政客和记者的大脑，这些人不知不觉地引起了精神传染病。

因此，西方人最好一开始不要对东方智者的秘密洞见了解太多，否则就是"邪人行正道"。西方人不要再次理所当然地认为鬼神是一种幻觉，而应重新体验这种幻觉的实在性。他应该学习重新认识这些心灵力量，而不是等到他的情绪、神经状态和妄想以极为痛苦的方式向他表明，他并非自己的唯一主宰。分裂倾向是具有相对实在性的起作用的心灵人格。当它们没有被认作实在从而被投射出去时，它们是实在的；当它们与意识发生联系（用宗教语言来说就是当存在一种崇拜）时，它们也是相对实在的；但是就意识已经开始脱离其内容而言，它们是不实在的。但是要想让后一情况出现，我们必须彻底穷尽生活，以至于生命中已经不再有任何未尽之义务，因此不再有任何不能信手抛开的欲望，也就是说，已经没有什么东西能够阻碍内心超越世界。在这一点上，自欺是没有用的。只要我们还有所牵挂，就做不了自己的主，而只要做不了自己的主，就意味着还有某种比自我更强大的东西。（"若有一文钱没有还清，你断不能从那里出来"。[①]）把某种东西称为"瘾"（Sucht）还是"神"并非无关紧要。服务于瘾是应受谴责的和不值得的，而服务于神则要有意义和有前途得多，因为这意味着服从于一个更高的不可见的精神存在。人格化引起了自主分系统的相对实在性，从而使吸收成为可能，也使生活的力量变得不再实在。如果神得不到认可，就会产生自私的瘾，从而导致疾病。

[①] 出自《马太福音》。——译者注

瑜伽教义把神的存在看成理所当然，因此其秘法只适用于这样一种人，他的意识之光能使他摆脱生活的力量，从而进入那个终极未分的一，进入我们这部经典所说的"虚中"，即"至虚至灵之神所住"。这一法门，"闻者千劫难逢"。显然，幻（Maja）的面纱不能只用理性的决定来揭开，而是需要极为彻底和持久的准备，正确偿还生活的一切债务。因为只要还受"贪婪"的支配，就揭不开这层面纱，也就达不到那种没有内容、摆脱幻相的意识，任何伎俩和欺骗都不管用。这一理想只有到死才能最终实现，那时会有实在和相对实在的无意识形相出现。

2. 阿尼姆斯和阿尼玛

根据这部经典的说法，属于无意识形相的不仅有神，还有魂和魄。卫礼贤把"魂"译成了"阿尼姆斯"（Animus）。事实上，用"阿尼姆斯"这个概念来指"魂"是非常合适的。"魂"的汉字由"云"和"鬼"组成，因此魂的意思是"云鬼"，是一种更高的"气灵"（Hauch-seele），属于阳性本原，因此是男性的。人死后，魂上升为"神"，即"不断伸展和自我显示的精神"或神。卫礼贤把"魄"译成了"阿尼玛"（Anima），"魄"字由"白"和"鬼"组成，亦即"白鬼"，是一种较低的阴间"体灵"（Körperseele），属于阴性本原，因此是女性的。人死后，魄下降为"鬼"，往往被解释为"再来者"、幽灵、鬼魂。人死后魂与魄分道扬镳，这一事实表明，对中国人的意识来说，魂与魄是可区分的心灵因素，显然有不同作用，尽管它们本来统一地存在于"一灵真性"，但"既落乾宫，便分魂魄"。"魂在天心，昼寓于目（即在意识中），夜舍于肝"，"此自太虚得来，与元始同形"。而魄则是

"沉浊之气也,附于有形之凡心","一切好色动气皆魄之所为","觉则冥冥焉,渊渊焉,[拘于形也],即拘于魄也。"

多年以前,在卫礼贤使我了解这部经典之前,我对"阿尼玛"这个概念的使用就与中国人对"魄"的定义非常相似,①当然,这没有任何形而上学前提。对心理学家来说,阿尼玛并不是什么超验的东西,而是完全可以经验到。中国人对魄的定义也清晰地表明,情感状态是直接的体验。那我们为什么要说"阿尼玛"而不直接说"情感"呢? 原因在于:情感有自主性,因此大多数人都受制于它。但情感是意识的可划定界限的内容,是人格的一部分。作为人格的一部分,情感具有人格特征,因此很容易被人格化,直到今天也是如此,一如前引例子所表明的。人格化并非无用的发明,因为受情感影响的个体不会无动于衷,而是会显示出与平日大不相同的非常确定的特征。细致的研究表明,男人的情感特征有女性特点。从这一心理事实产生了关于"魄"的中国学说以及我的"阿尼玛"概念。更深的内省和出神体验揭示出,无意识中存在着一个女性形象,因此会有 Anima[阿尼玛]、Psyche[心灵]、Seele[灵魂]等阴性名词。我们也可以把阿尼玛定义为男人在女性方面的一切经验的意象(Imago)、原型或反映。因此,阿尼玛的形象一般会被投射为女人。我们知道,诗歌往往会描写和歌颂阿尼玛。② 超心理学家(Parapsychologen)会对"鬼"这个中国概念与阿尼玛的关系感兴趣,因为"制"往往是异性的。

---

① 全面的阐述可参见我的 *Die Beziehungen zwischen dem Ich und dem Unbewussten*. 7. Aufl. 1963. (Ges. Werke, Bd. 7, 1964)。

② *Psychologische Typen*, V. (Ges. Werke, Bd. 6, 1960)

虽然我非常赞成卫礼贤把"魂"译为"阿尼姆斯",但有一些重要的理由促使我用"逻各斯"(Logos),而不是用在其他情况下都很合适的"阿尼姆斯"来表示男人的精神,表示他清晰的意识和理性。西方心理学家必须面对中国哲学家所没有的一些困难,因为和所有古代精神活动一样,中国哲学也是专属于男人世界的组成部分。人们从未从心理学上去理解中国哲学的概念,因此从未检验过它在多大程度上也适用于女性心灵。但心理学家不可能无视女人及其特殊心理的存在,因此我愿意把男人那里的"魂"译成"逻各斯"。卫礼贤在其翻译中用"逻各斯"来表示"性"这个中国概念,"性"也可以译成 Wesen[本质]或 schöpferischens Bewusstsein[创造性的意识]。人死后魂成了"神",在哲学上"神"与"性"很接近。中国概念从来不具有我们这种意义上的逻辑性,而是一些直觉的观念,因此我们只能通过其用法、汉字结构或某些关系(比如魂与神的关系)来推断其含义。于是,魂是男人那里的意识之光和理性之光,它源于"性"的"种子理性"(logos spermatikos),人死之后经由"神"而回归道。在这种用法中,"逻各斯"一词特别合适,因为它包含了一种普遍本质的观念,而且也包含了这样一种意思,即男人清晰的意识和理性是普遍的而不是专属于个体。它也不是某种人格的东西,在最深的意义上乃是非人格的,从而与以完全人格的情绪来表达自己(因此会有憎恶!)的阿尼玛截然相反。

考虑到这些心理学事实,我把"阿尼姆斯"一词专门留给女性,因为"女人没有阿尼玛,但有阿尼姆斯"(mulier non habet animam, sed animum)。女性心理学显示了一个与男性的阿尼玛相对应的要素,它首先不是情感性的,而是准理智的(quasi-intellektulles），用"偏见"一词来刻画是最合适的。与女人的意识性（bewusste Wesen）相对应的是男人的情感性，而不是"心智"（Geist）。心智其实是"灵魂"（Seele），或者毋宁说是女人的阿尼姆斯。正如男人的阿尼玛首先是由较低的情感关联（affektive Bezogenheit）组成的，女人的阿尼姆斯则是由较低的判断或者毋宁说是意见组成的。（若想有更深入的了解，读者可参见前引我的那篇文章，这里我只能一般地提及。）女人的阿尼姆斯是由许多偏见组成的，因此不能化身为一个形相，而往往要化身为一组或一群形相。（超心理学中有一个很好的例子，那就是派珀夫人（Mrs. Piper）所谓的一组"天将"［Imperator］。）[1]阿尼姆斯在较低层次上是一种较低的逻各斯，是对分化的男人心智的模仿，就像阿尼玛在较低层次上是对女人厄洛斯（Eros）的模仿（Karikatur）。正如"魂"对应着被卫礼贤译成"逻各斯"的"性"，女人的厄洛斯也对应着被卫礼贤解释成"厄洛斯"的"命"。厄洛斯把事物交织在一起，逻各斯则是使认识分化的澄清之光。厄洛斯是关联，逻各斯则是辨别和分离。因此，女人的阿尼姆斯中较低的逻各斯会表现成缺乏联系、从而让人无法理解的偏见，或者表现成与事物的本质毫无关系的令人恼火的意见。

　　常常有人指责我像神话学那样把阿尼玛和阿尼姆斯人格化，但只有证明我对它们的心理学用法也以神话学的方式使它们具体

---

[1] 参见 Hyslop, *Science and a Future Life*, Boston, 1905。[派珀（Leonora Piper, 1857—1950）是美国通灵师，1890—1910 年活跃于美国和英格兰，威廉·詹姆士等人和心灵研究协会都对她做过研究。她的五位"导灵"（Kontrollgeister）被统称为"天将"（Imperator）。——译者注]

化时,这种指责才是正当的。我必须一劳永逸地澄清,人格化并非我的发明,而是相应现象的本质中所固有的。阿尼玛是一个心灵的、从而是人格的分系统,忽视这个事实是不科学的。每一个指责我的人都会毫不犹豫地说"我梦见了 X 先生",但确切地说,他只是梦见了 X 先生的表象。阿尼玛不过是相关自主分系统之人格性的一个表象罢了。至于此分系统在超验意义上、也就是在超出可经验范围意义上的本质是什么,我们无从知晓。

我已经把阿尼玛一般地定义为无意识的人格化身,因此也把它视为通向无意识的一座桥梁,也就是与**无意识发生联系的机能**。我们这部经典的一种说法与我的这种观点有一种有趣的关联,它说意识(即人格意识)来自阿尼玛(魄)。由于西方思想完全以意识为立足点,所以它必然以我那种方式来定义阿尼玛,而东方思想则以无意识为立足点,它把意识看成阿尼玛的效应!意识无疑源于无意识,但我们很少记得这一点,因此我们总是试图把心灵与意识等同起来,或者至少是把无意识看成意识的一种衍生物或作用(比如在弗洛伊德的压抑理论中)。但由以上所述的理由可以看出,无意识的实在性是不折不扣的,应把无意识的形相看成起作用的因素,这一点极为重要。理解了心灵实在性之含义的人无须担心落入原始的鬼神学。如果不把无意识的形相看成自发起作用的因素,我们就会沦为片面信仰意识的受害者,最终则会导致过度紧张。那样一来,灾难必定会发生,因为除了所有意识,我们忽视了晦暗的心灵力量。并不是我们把它们人格化了,而是它们从一开始就具有人格性。只有彻底承认这一点,我们才能想到将其去人格化,即我们这部经典所说的"制魄"。

这里我们再次看到了佛教与我们西方心灵态度的巨大差异，而且其中有一种危险的貌合神离。**瑜伽学说拒斥一切幻觉内容**，我们也是如此，但东方这样做乃是基于完全不同的基础。在东方占统治地位的是一些表达了极其丰富的创造性幻觉的观念和教导，事实上必须防止幻觉过度；而我们却认为幻觉是一种无甚价值的主观白日梦。当然，无意识的形相不会显现成剥离了所有附属物的抽象的东西，而是会融入一张极为丰富、变化无穷的幻觉之网。东方之所以能够拒斥这些幻觉，是因为东方很久以前就已经提取了它们的精髓，并将其凝结成深邃的智慧。而我们却从未体验过这些幻觉，更不用说从中提取精髓了。这里我们还需要补充一整套体验，只有当我们从看似无意义的内容中找到意义，我们才能将无价值的东西与有价值的东西分开。可以确信，我们从自己的体验中提取出来的东西将会异于今天东方提供给我们的东西。东方是带着一种对世界的懵懂无知而获得了对内在世界的认识，而我们则将凭借极为丰富历史和科学知识去研究心灵及其深度。事实上，在目前这个时候，外在知识是内省的最大障碍，但心灵痛苦会克服一切阻力。我们已经在建立一种心理学，亦即一门科学，它将提供一把钥匙，使我们走进东方仅凭异常心灵状态才发现的大门。

四、意识与客体的分离

通过这种理解，我们摆脱了无意识的支配。我们这部经典的教导本质上也正是为了这个目的。它教人集中于最内在领域之光,同时从所有外在和内在的束缚中解脱出来。他的生命意志将被导向一种没有内容、但却允许所有内容存在的意识。《慧命经》是这样描述这种解脱的:

> 一片光辉周法界,双忘寂静最灵虚。
> 虚空朗澈天心耀,海水澄清潭月溶。
> 云散碧空山色净,慧归禅定月轮孤。

这种对圆满的刻画描绘了一种心灵状态,也许可以把它称为意识从世界中分离出来,回到世界之外的一点。这样一来,意识既空也不空。它不再被种种物象所占据,而仅仅是包含它们。此前直接纠缠意识的完满世界并未失去其丰富绚丽,但已经不再能够主宰意识。世间万物对意识魔法般的要求已经终止,因为意识与世界的原初交织已经消解。无意识不再被投射,它与事物原初的神秘参与(participation mystique)也就消除了。于是,意识不再被各种强迫性的意图所占据,而是像这部中国经典所说的那样转向了禅定。

那么,这种境界是如何实现的呢?(当然,我们首先要假定这位中国作者不是在骗人;其次,他神志清醒;第三,他有非凡的智慧。)为了理解或解释这一点,我们的心智需要采取某种迂回路线。模仿是不管用的,因为最幼稚的莫过于想去美化这种心灵状态。我在行医过程中很熟悉这种境界,它正是我和我的学生及病人竭力追求的那种最佳治疗效果,即神秘参与的消解。列维-布留尔(Lévy-Bruhl)提出"神秘参与"这个天才概念作为原始心态的标志。① 按照他的描述，神秘参与只不过是**主客未分**的巨大残余，原始人仍在相当程度上受制于它，以至于在具有欧洲意识的人看来必定显得异乎寻常。只要主客之分还没有被意识到，无意识的同一性就会占据上风。于是无意识被投射到客体中，客体也被向内投射到主体中，也就是说被心理化了。这样一来，动植物像人一样行为，人既是自己也是动物，万物都充满了鬼神幽灵。文明人当然自认为远远高于这些东西，但他的整个一生往往被等同于他的父母；他被等同于他的情感和成见，他会毫无愧色地指责别人做了他不想在自己这里看到的事情。换句话说，他也仍然是原初无意识或主客未分状态的残余。由于这种无意识，他会被数不清的人、事物和情况所影响，亦即被它们无条件地左右。他几乎和原始人一样被干扰性的内容所占据，因此也需要同样多的避邪魔咒，只是他不再用药包、护身符和动物祭品，而是用神经药物、神经官能症、启蒙、意志崇拜，等等。

但如果承认无意识和意识共同起着决定作用，如果我们的生活能够尽可能地照顾到有意识和无意识的（较为本能的）要求，那么整个人格的重心就不再是那个仅仅是意识中心的自我（das Ich），而是介于意识与无意识之间的一个虚点（virtueller Punkt），我们或可称之为"自性"（Selbst）。如果这种转变能够成功，神秘参与就会被成功消除，由此会产生一种人格，它只是在较低层次受苦，而在较高层次则不可思议地摆脱了苦与乐。

这种高级人格的制造和诞生就是我们这部经典在谈及"圣

---

① *Les Fonctions mentales dans les sociétés inférieures*，1912.

胎"、"金刚体"或"不坏之躯"时所要达到的目标。这些表达在心理学上都象征着一种不受感情纠缠和剧烈动荡影响的心态,象征着一种从世界中分离的意识。有理由相信,这是一种将在中年之后开始的对死亡的自然准备。对于心灵而言,死与生同样重要,都是生命中不可或缺的组成部分。至于这种分离的意识最终将会如何,这个问题不应问心理学家。无论他采取何种理论立场,都会无可奈何地超越其科学能力的界限。他只能说,这部经典中关于分离的意识不受时间影响的观点是与所有时代以及绝大多数人的宗教思想相一致的,所以一个不这样想的人会处于人类秩序之外,其心理平衡会被扰乱。因此作为医生,我要尽一切努力增强病人对永生的信念,尤其是那些年纪较大的病人,这种问题对他们来说已经越来越迫近。事实上,如果从心理学上正确看待,那么死亡并不是一个终点,而是一个目标,因此生命一旦经过顶峰就开始朝死亡迈进了。

把死亡当作目标来做这种本能的准备正是中国瑜伽哲学的基础,与人前半生的目标(即生育或延续寿命)类似,它把生育和延续一种灵性的气息身体("细身")当作心灵存在的目的,这种细身保证了分离的意识的延续性。欧洲人自古以来就知道这种气息身体(pneumatischen Menschen),但他们试图借助完全不同的象征和法术,通过信仰和基督徒的生活方式来造就它。这里我们再次站在了与东方完全不同的基础上。我们这部经典虽然看起来好像与基督教的禁欲道德相距不远,但如果认为它们讨论的是同样的事物,那就大错特错了。这部经典的背后是一种数千年的古老文化,这种文化有机地建立在原始本能的基础之上,根本不知道那种适合于我们这些开化不久的日耳曼野蛮人的残暴道德,因此缺乏那种粗暴压抑本能的要素,不致使精神过度紧张和有毒。依照本能生活的人也可以同样自然地脱离本能。再没有什么能比英雄式的自我战胜更异于这部经典了,但如果我们完全遵循这些中国教导,就必然会出现这个结果。

我们绝不要忘记我们的历史前提。直到一千多年前,我们才从多神论的简陋开端跌跌撞撞地邂逅了一种高度发展的东方宗教,这种宗教把我们半野蛮的富有想象力的心灵提升到一个与其心灵发展程度不符的高度。为了保持这个高度,本能领域不可避免会受到很大压制。这样一来,宗教修行和道德就呈现出一种极其残暴的、近乎恶毒的特征。被压制的要素自然没有发展,而是在无意识中以原初的蒙昧状态如植物一般生长。我们想爬到一种哲学宗教的高度,但其实根本没有这个能力,最多只能朝着它发展。然而,安福塔斯(Amfortas)①的伤口和浮士德的分裂在德国人那里还没有痊愈,他的无意识仍然担负着他在摆脱无意识之前必须先成为意识的那些内容。最近,我收到了以前病人的一封来信,信中简明而确切地描述了这种必需的转变:"从恶中生出许多善。保持安静和专注,不压抑任何东西——按照事物的本来面目、而不是按照我想要其成为的样子接受现实——我因此获得了以前想都没有想过的非凡的知识和能力。我以前总是认为,当我们接受事物时,事物会以某种方式制服我们。现在看来根本不是这样;只有接

---

① 安福塔斯:瓦格纳歌剧《帕西法尔》中圣杯骑士的首领。——译者注

受事物，才能采取对待事物的态度。① 所以现在我打算游戏人生，欣然接受与我照面的永远在变化的一切事物，无论是好是坏，是明是暗，这样也就接受了我自己的本性，无论是正面还是负面，一切都变得更有活力了。以前我是多么傻啊！竟然强迫事物按照我的意愿发展！"

只有基于这样一种态度，意识和文化才能达到更高层次，这种态度并不放弃基督教发展过程中所取得的任何价值，而是以基督教的爱和忍耐去接受自己本性中最卑贱的东西。这种态度在最真实的意义上是宗教的，因而是治疗的，因为一切宗教都是对灵魂的痛苦与混乱的治疗。西方理智和意志的发展使我们获得了对于这种态度的近乎魔鬼式的模仿能力，尽管有无意识的反抗，这种模仿似乎也取得了成功，但相反的立场迟早会以越来越显著的反差使自己突出出来。这种舒适的模仿总会导致一种不安稳状态，它随时都有可能被无意识推翻。只有当无意识的本能前提与意识观点得到同样的重视时，安稳的基础才会出现。这必然与西方基督教尤其是新教对意识的崇拜发生严重冲突。尽管新事物似乎总是旧事物的敌人，但只要有更深的理解意愿，就必定会发现，倘若不对业已获得的基督教价值加以最严肃的运用，新的事物永远也不会发生。

---

① 神秘参与的消除！

五、圆满

对我们来说，对灵性东方的愈发熟识仅仅象征性地表达了一个事实，即我们正在开始与我们内心之中仍然陌生的东西发生联系。否认我们自身的历史前提是愚不可及的，那将是再次失去依靠的最佳手段。只有牢牢站在自己的土地上，我们才能吸收东方的精神。

古德云："世人舍本逐末"。这句话针对的是那些不知道神秘力量的真正源泉何在的人。东方的精神产生于黄土地，我们的精神也只能产生于并且应该产生于我们自己的土地。因此，我以一种常被指责为"心理主义"的方式来切入这些问题。如果它指的是"心理学"，我将感到很荣幸，因为我的目的正是要把所有神秘学说的玄学论断毫不留情地推到一边，因为语词的这种秘密的权力动机（Machtabsichten）与我们的极度无知非常一致，对此我们应当谦虚地承认。我坚决要把听起来有玄学意味的东西暴露在心理学认识的阳光之下，并且尽力阻止公众相信那些令人费解的断言（Machtwörter）。坚定的基督徒可以坚信下去，因为那是他所承担的责任，但非基督徒已经丧失了信仰的恩典。（也许他从出生起就已经遭到诅咒，不能信仰而只能去认识。）因此，他没有权利相信其他任何东西。玄学把握不了任何东西，但心理学却可以。因此，我会剥去事物的玄学外衣，使之成为心理学的对象。这样一来，我至少可以从中得到某种可以理解的东西并且为我所用。不仅如此，我还从中了解了此前我无法理解的、隐藏在象征背后的心理状况和过程。但由此我也能走上类似的道路,获得类似的体验,倘若最后仍然有某种无法言说的玄学的东西藏在背后,那么它将有最好的机会显示自己。

我对伟大东方哲人的赞叹与我对其玄学的不敬同样无可置疑。① 我怀疑他们是象征主义心理学家,最大的错误莫过于按照字面去理解他们。如果他们说的真是玄学,那么理解他们将毫无希望,但如果他们说的是心理学,那么我们不仅能够理解他们,而且能极大地从中受益,因为那样一来,所谓的"玄学"就是可经验的了。如果我相信有一个绝对的神,他超越于一切人类经验,那么我不会对他感兴趣,我们井水不犯河水。但如果我知道,神是我灵魂中的一种强大冲动,那么我就必定会关心他,因为那样一来,他将变得和现实中的所有事物一样极为平常,变成重要而实际的东西。

"心理主义"的骂名只适用于那些自认为可以完全掌握自己心灵或灵魂的愚人,这样的愚人实在太多了;虽然我们知道怎样对"心灵"夸夸其谈,但是对心灵事物的贬低仍然是一种典型的西方偏见。如果我使用"自主心灵情结"这一概念,大家会立即产生一个偏见:"只不过是一个心灵情结罢了"。我们为何能够如此确定心灵"只不过是"呢?我们仿佛根本不知道,要么就是一再忘记,我们所意识到的一切都是相(Bild),相就是心灵。那些认为把上帝看成心灵的推动者或被推动者[即自主情结]就是贬低了上帝的人会受到无法控制的情感和神经官能症状态的折磨,他的意志和整

---

① 与西方的教条主义者不同,中国哲学家对这种态度很欢迎,因为他们也是自己的神的主人。——卫礼贤

个生活智慧将会一败涂地,这是否证明了心灵的无能呢?当埃克哈特大师说"必须让上帝在心灵中一次次再生"时,他也该被指责为"心理主义"吗?我认为,应当拿"心理主义"去指责这样一种理智,该理智否认自主情结的真正本质,并想按照理性的方式把它解释为已知事实的结果,亦即解释为非真实的。这一判断与"玄学"断言同样傲慢,玄学断言试图超越人类的界限,把我们的心灵状态归因于一个我们无法经验的神。心理主义只不过是玄学冒犯态度的反面,恰恰和后者同样幼稚。但是在我看来,赋予心灵和经验世界以同样的有效性,承认它们具有相同的"实在性"要合理得多。对我来说,心灵是一个世界,自我就包含在这个世界之中。也许还有些鱼相信它们包含了大海。若想从心理学去考察玄学,就必须摆脱这种常见的幻觉。

"金刚体"的概念就是这样一种玄学论断。"金刚体"是在"金华"或"寸田"中产生出来的不能毁灭的气息身体。和诸如此类的其他事物一样,这个身体象征着一个显著的心理事实,由于是客观的,此心理事实首先投射为有机生命体验所提供的形式,即果实、胚胎、婴儿、活体等等。该事实可以最简洁地表达为:并非我在活,是它使我活。对意识占据统治地位的幻觉使我相信:我在活。如果通过承认无意识而打破这种幻觉,无意识就会显现为某种包含着自我的客观的东西。这种对待无意识的态度类似于原始人的感觉,对原始人来说,儿子保证了生命的延续。这种非常典型的感觉甚至可能以一些怪异的形式表现出来,比如老黑人在责骂他不听话的儿子时会大喊:"他的身体是我的,却不听我的话。"

这涉及内心感受的一种转变,它类似于父亲在儿子初生时所体验到的变化。我们从使徒保罗的自白中已经知晓了这种转变，保罗说："现在活着的不再是我，乃是基督在我里面活着。"①"基督"作为"人子"的象征是一种类似的心灵体验：一种人形的更高的精神存在不可见地诞生于个体中，这个气息身体（pneumatischer Leib）将为我们提供未来的居所，如保罗所说，就像穿在身上的衣服（"你们受洗归入基督的，都是披戴基督了"）。② 当然，用理智的概念言说方式去表达对于个体的生命和幸福来说极为重要的微妙感受总是很棘手。在某种意义上，这是一种"取而代之"（Ersetztsein）的感觉，但并不包含"废除"（Abgesetztsein）之意。此时生命的引导者仿佛托付给了一个无形的中心。尼采的隐喻"在充满爱的强制中自由"（frei im liebevollsten Muss）用到这里很贴切。宗教语言中有大量的比喻性表达可以描述这种自由的依赖性，描述对平静和服从的感受。

在这种值得注意的体验中，我看到了一个因意识的分离而导致的现象，主观的"我在活"由此成为客观的"它使我活"。这种状态被认为要高于之前的状态，就像是从神秘参与所必然带来的强迫和不可能的责任中解脱出来。这种解脱感完全充满了保罗，它是成为神之子的意识，使人从血的魔咒中解脱出来，也是与万事万物和谐一致的感觉，因此《慧命经》说，圆满之人的目光将回到自然之美。

在保罗式的基督象征中，东西方的最高宗教体验相遇了。背

---

① 《加拉太书》2章20节。——译者注
② 《加拉太书》3章27节；亦参见《罗马书》13章4节。——译者注

负苦难的英雄基督,盛开于玉城紫府的金花——多么强烈的对比!多么不可思议的差异!多么深的历史鸿沟啊!这个问题势必成为未来心理学家的杰作。

除了目前重大的宗教问题,还有一个很少有人注意的重要问题,那就是宗教精神的进步。如果要谈这个问题,就必须强调东西方对于"珍宝"(Kleinod)这一核心象征的处理方式是不同的。西方强调人的成长,甚至是基督的人格和历史性,而东方则说"不生不灭,无去无来"。基督徒按照西方的观念让自己服从于一个高等的神性人格,期待获得他的恩典;而东方人却认为,解脱全凭自己所下的"功夫"。整个道都从个体中生长出来。效仿基督永远都有一种缺陷:我们崇拜的是一个作为神圣典范的人,他体现了最高的意义,然后出于纯粹的模仿,我们忘记了实现我们自身最高的意义。事实上,放弃一个人自身的意义并非完全令人不快。倘若耶稣这样做了,他可能成为一个令人尊敬的木匠,而不会成为宗教叛逆,当然,今天还会发生与之类似的事情。

我们也可以把对基督的效仿理解得更深一些,比如把它当成以耶稣那种勇气和自我牺牲来实现一个人最佳信念的责任,这种信念一直是个人禀赋的完整表达。不得不说,好在并非所有人都肩负着成为人类领导者——或大叛逆——的任务,因此每个人最终都能以自己的方式实现自己。这种坦诚甚至可能成为一种理想。巨大的革新总是开始于最不可能的角落,比如今天的人早已不再像过去那样对自己的裸露感到羞耻,这是认识自己本来面目的开端。接下来还会对以前严格禁忌的许多事物有更多的认识,因为世间现实不会像德尔图良(Tertullian)所说的"少女的面纱"

(Virgines Velandae)那样永远隐藏在幕后。脱去道德面具只是沿着同一方向迈进的一步,向前看去,那里站着一个人,他诚实地面对自己,如实地坦白自己。如果他觉得自己这样做毫无意义,那他就是一个不明事理的愚人;但如果他知道自己这样做的意义,他就是更高层次的人,他将不顾一切痛苦来实现基督的象征。我们常常可以看到,在早期宗教阶段非常具体的禁忌或巫术仪式在下一个阶段会成为与心灵有关的东西,甚至是纯精神的象征。在发展过程中,外在的法则会成为内在的信念,于是存在于外在历史空间中的基督很容易成为新教徒内心之中更高的人。这样便以欧洲的方式达到了与东方开悟者相应的心理状态。

所有这些都是一种更高人类的意识朝着未知目标迈进的发展过程中的一步,它并不是我们通常意义上的玄学。到目前为止,它总体而言仅仅是"心理学",但也可以被体验和理解。感谢上帝,它是真实的,具有可操作的实在性,这种实在性包含着预感,因此是活生生的。虽然我只满足于心理上可以体验的东西,拒斥玄学,但任何一个明眼人都会看到,这并不意味着我摆出怀疑论或不可知论的姿态反对信仰,反对相信更高层次的力量;我想说的意思差不多就是康德在把"自在之物"称为一个"纯粹否定的边界概念"(lediglich negativen Grenzbegriff)时所说的意思。每一条关于超验的说法都应当回避,因为它必定只是尚未意识到自身限度的人类精神的可笑僭越。因此,当上帝或道被称为灵魂的一种冲动或状态时,我们所说的仅仅是某种可知的东西,而绝非不可知的东西,对于后者,我们什么也确定不了。

六、结语

我这篇评述的目的是在东西方之间架起一座内在心灵理解的桥梁。人是一切真正理解的基础，所以我必须谈及人的事情。因此之故，我只讨论了一般内容，而没有讨论具体技术。对于知道照相机或汽油发动机为何物的人来说，技术指导很有价值；但对于那些对此类设备一无所知的人来说，技术指导毫无用处。而我的写作所面对的西方人正处于这种状况，所以在我看来，强调东西方心灵状态和象征之间的一致性是最重要的，因为凭借这些类比可以开辟一条通往东方精神内在空间的道路。这条道路并不要求牺牲我们自己的本性，不会使我们面临失去依靠的危险，它也不是一架理智的望远镜或显微镜，向我们展示一些与我们没有根本关系、触动不了我们的东西。毋宁说，它是一切文明人所共有的承受、探求和努力的氛围，是自然加诸人类的关于觉醒的巨大实验，它将差异巨大的文化结合成一项共同的任务。

西方的意识绝非普遍意识，而是有着历史地理因素的限制，它只代表人类的一部分。对我们自己意识的拓宽不应以损害其他种类的意识为代价，而是应当发展我们心灵中那些与异域心灵相似的要素，正如东方也不能没有我们的技术、科学和工业一样。欧洲对东方的入侵是一种大规模的暴行，它给我们——位高则任重——留下的责任是理解东方的思想。这项责任也许比我们现在意识到的更加必要。

欧洲曼荼罗的例子

下面这些图画都是我的病人按照前文中提到的方式所做的，最早的一幅作于1916年。所有这些图画都是在没有受到任何东方影响的情况下完成的。第四幅画中出现了《易经》的卦象，是因为作者读过理雅各翻译的东方圣典系列，之所以要将其绘制成图，是因为这位（受过学院教育的）病人觉得这些内容对她的生命有着特殊的意义。据我所知，还没有一幅欧洲的曼荼罗（我有相当丰富的藏品）能够达到东方曼荼罗从习惯和传统中建立起来的和谐与完美。因此，我从不计其数的各种欧洲曼荼罗中挑选了十幅，它们至少作为一个整体可以清晰地表明东方哲学与无意识的欧洲观念形成（Ideenbildung）之间的平行性。

C.G.荣格

1. ♀ 金花是所有花中最绚烂的花。

2. ♀ 从中央的金花向外辐射出象征丰饶的鱼(对应着密宗曼荼罗的雷电)。

3. ⇧ 中央是发光的花,周围是八扇门的墙。星星围绕中心旋转。整体被构想成一扇透明的窗户。

4. ♀ 气与土(鸟与蛇)的分离。中央是有金星的花。

5. ♀ 光明世界与黑暗世界的分离，天界灵魂与地界灵魂的分离。中间描绘的是禅定。

6. ↑ 中央的白光在苍穹中闪耀，第一圈中是原生质的生命种子，第二圈中是包含着四种基本颜色的宇宙本原在旋转，第三圈和第四圈中是一种向内外作用的创造性力量。四个基本方位是阳性和阴性的灵魂，两者又被分成了光明和黑暗。

7. ♀ 神秘三角形(Tetraktys[又译"圣十结构"])在旋转。

8. ♀ 旋转运动中包含着胚囊中的孩子和四种基本色。

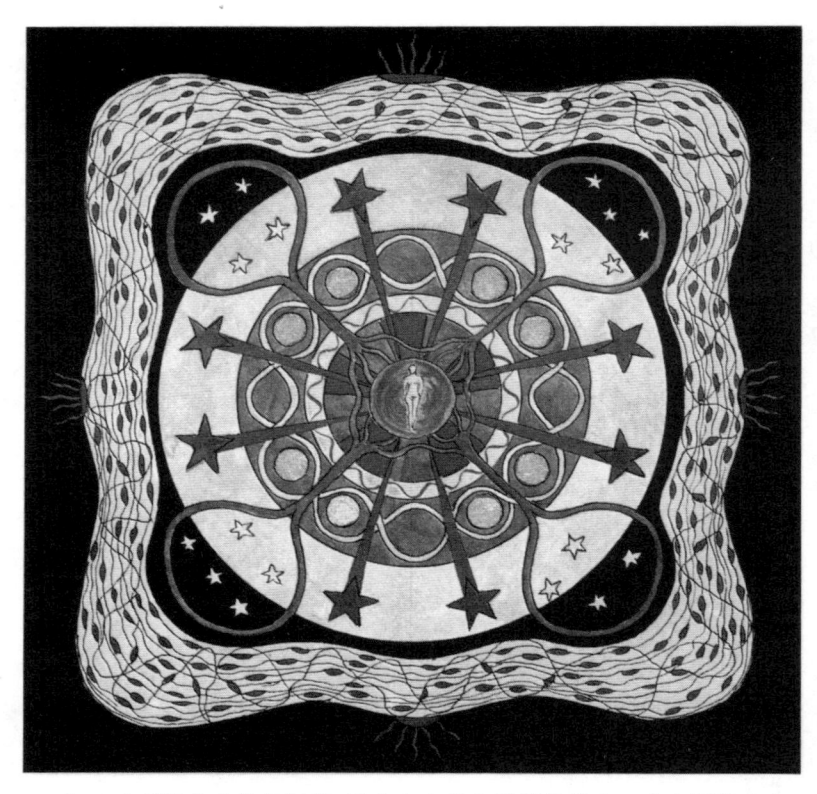

9. ♀ 中央是装有人体的胚囊，源自宇宙的血管滋养着它。宇宙围绕中心旋转，中心吸引着宇宙的辐射。外面是神经组织，表示腹腔神经丛中的过程正在进行。

荣格的欧洲评述

10. ↑ 一座带有围墙和壕沟的城池。内部的宽阔壕沟包围着带有16座塔的围墙。再里面一层壕沟围绕着一个带有金顶的中心城堡,其中心是一座金色的殿宇。

卫礼贤的文本与解释

第五版序言

这一版增加了另一部禅修著作,它与《太乙金华宗旨》源于类似的传统,在中文版中,它与《太乙金华宗旨》合印在一起。1926年,卫礼贤曾为这部经典写了如下简介:"《慧命经》是柳华阳于1794年编撰的。他生于江西,后在安徽双莲寺出家。此翻译底本采用了署名为慧真子的人于1921年编订的一个新版本,它与《太乙金华宗旨》合印在一起,当时共印1000册。"

这部经典结合了佛道的禅定功法。其基本观点是,"人出生时,心灵的两个领域——意识和无意识——就分离了。意识是被分开的个体要素,无意识则是与宇宙相结合的要素。两者可以通过禅修统一在一起,这是这部经典所依据的原理。意识必须沉入无意识之中播下种子,从而将无意识提升至意识,并与得到丰富的意识一起以精神再生的形式进入一种超个人的意识层次。这种再生首先会使意识状态内部继续分化而进入自主的思想形式,但禅修必然会导致所有差别都在最终不二的统一生命中消失"。

此译文最初发表在1926年达姆施塔特出版的《中国的科学与

艺术杂志》第3期第104—114页,译者罗（L. C. Lo）博士当时是卫礼贤的合作者,也是法兰克福中国研究所的秘书。翻译是卫礼贤建议的,并由他作了加工,使之非常接近于《太乙金华宗旨》的翻译风格。鉴于《中国的科学与艺术杂志》只出版了非常有限的版本,因而借此机会可以使更多的人读到这部经典。

萨洛梅·威廉（Salome Wilhelm）
1957年

一、《太乙金华宗旨》的源流和内容

1. 本书的来源

本书源于中国的一个秘传圈子。长期以来,它一直是口头传承,后来才见诸文字。本书第一次印刷是在乾隆时代（18世纪）,最后是1920年在北平与《慧命经》合刊重印了一千本,只在编者认为懂得书中所讨论问题的少数人当中流传。我得到了其中一本。这本小书的重印和流通缘于一场新宗教运动,此运动乃是出于中国政治经济形势的迫切需要。这时出现了一系列秘密教派,它们力图实修古代的神秘传统,以达到一种摆脱一切人生痛苦的心灵状态。除了在中国广泛流传的用乩板[①]或鸾笔与鬼神直接沟通的

[①] 奇特的是,此书的流传者用乩板为其写了一篇出自吕祖的序言。吕祖是唐代的一位祖师,这些教法据说是他所写。但这篇序言与此书的思想相距甚远,且和大多数此类作品一样平淡乏味。

巫术，他们还使用画符、祈祷和祭祀等方法。但除此之外还有一种致力于禅修或瑜伽功法这种心理学方法的秘传活动。这种方法的信徒几乎无一例外都想达到那种核心体验，而在欧洲的"瑜伽信徒"看来，这些东方功法只不过是些体育活动罢了。因此可以说，对于中国人的心灵状态而言，需要有一种完全可靠的方法来获得某些特定的心灵体验。（正如荣格正确指出的那样，至少直到最近，中国人的心灵状态在一些基本方面与欧洲人有着非常本质的不同。）除了从虚幻的外部世界的枷锁中解脱出来，各种教派还追求其他一些目标。最高级的教派通过禅定的解脱来证悟佛教的涅槃，或者像在本书中那样，通过把人的精神本原与相互关联的精神性力量结合在一起而为死后生命继续存在的可能性做准备，这种死后生命不仅是一种注定要消解的影子般的存在，而且是一个有意识的精神。与此相关的是，还有一些学派试图通过这种禅定对某些植物—动物性的（vegetativ-animalische）生命过程（我们欧洲人这里也许会谈到内分泌系统）施加一种心灵影响，从而使生命过程得到强化、恢复活力和变得正常，甚至可以战胜死亡，使死亡成为生命过程的和谐终点：世俗之躯如蝉蜕一般脱离了精神本原，作为一具干壳遗留下来，而精神本原则能在由自身的能量系统产生出来的精神体（Geisterleib）中独立地继续存活下去。低级的教派则试图以这种方式获得一些魔力，获得驱鬼除病的能力，这时法器、念诵和书写咒语都会发挥作用。有时这种事情会导致大众的精神异常，在宗教或政治—宗教的动荡中表现出来，比如义和拳运动。近来道教的调和倾向表现为，世界五大宗教（儒家、道教、佛教、伊斯兰教和基督教，有时还要特别提到犹太教）的成员都可以入教,同时不必离开各自的宗教团体。

在简述了这种运动在我们这个时代的产生背景之后,我们还需要概述一下本书教义的来源。一些非常引人注目的发现表明,这些教义要比其成书年代古老得多。《太乙金华宗旨》①的雕版印刷可以追溯到17世纪——本书编者说他在北京经营书籍和古玩的商业街琉璃厂发现了一册那时的残本,后来又通过友人的书将其补全——而口头传承则可以追溯到公元8世纪唐代的金丹教。其创始人据说是著名的道教祖师吕岩(吕洞宾),后来的民间传说将其列为八仙之一,关于他有众多神话传说和所有宗教一样,无论是本土的还是外来的,这个教派在唐代得到宽容和鼓励,并且广为流传。然而随着时光的流逝,它开始遭遇厄运,因为它从一开始就是一种秘传的神秘宗教,教徒们被怀疑有政治阴谋,于是屡屡遭到怀有敌意的政府的迫害,最后在清朝政权倒台之前遭到清朝政权极为残酷的镇压。② 许多金丹教成员改信了基督教,他们即使没有直接进教堂,对教堂也是非常友好的。

我们这本书极为出色地阐述了金丹教的教义,书中内容据说出自吕岩。吕岩又名吕洞宾,本书尊称他为吕祖,他生于公元755年,是8世纪末9世纪初的人。正文后的评注是后人所加,但源自同一传承。

那么,吕祖又是从哪里得到他这些玄秘教义的呢？他本人把其根源追溯到关尹子,即看守函谷关的那位尹喜,传说老子就是为

---

① 我们现在使用的这个《太乙金华宗旨》版本的中国编者将其标题改成了《长生术》。

② 1891年,15000名金丹教道士被满清雇佣兵杀害。

他而写下了《道德经》。事实上,该体系中有许多思想都来自《道德经》中玄妙神秘的教义,比如"山谷中的神"就等同于老子所说的"谷神",等等。但是道教在汉代已经越来越退化为一种外在的巫术,因为道教术士试图通过炼丹术发现金丹(点金石),由贱金属制造出黄金以及使人的肉体不朽。而吕岩的活动则代表一种改革,它使炼丹术符号变成了心理过程的象征。在这方面,他重新接近了老子原本的思想。老子完全是一个自由思想家,他的继承者庄子嘲笑瑜伽功法、巫医和长生不老药追求者的各种骗术花招(虽然他本人也曾修习禅定,达到了合一状态,并且在此基础之上建立了他那博大的思想体系)。然而在吕岩那里存在着某种信仰和宗教倾向,他受佛教影响相信外部世界是虚幻的,但又与佛教有着明显区别。吕岩力图在瞬息万变的现象世界中找到固定不动的极点,从而获得永恒的生命,这与否认实际存在着任何自我的佛教是绝对相左的。然而,当时统治中国思想的大乘佛教的影响不容低估,佛教经典被一再引用。事实上,在我们这部经典中,这种影响甚至超过了一般情况下金丹教所受的影响。第三章的后半部分明确提到了所谓的"止观"方法,这是智𫖮的天台宗修习的纯佛教方法。从这一点来看,这部经典的表述中存在着某种不连贯之处,一方面它进一步描述了"金花"的培育;另一方面又出现了否弃世界、将目标断然转向涅槃的纯粹佛教思想。如果从精神高度和作品的整体性来考虑,那么随后几章①有些东拼西凑,价值没有那么大。此外,关于通过"回光"来获得内在的新生以及产生圣胎的功法,本书

---

① 这几章在目前的翻译中被略去了。

只描述了最初几个阶段,尽管后面的阶段被称为目标,比如参见柳华阳的《续命方》[即《慧命经》],它对后面几个阶段作了进一步解释。因此我们不能不怀疑,有一部分文本实际上已经遗失,替代品则另有来源。如果是这样,那么上述的不连贯和未译出的几章的水平下降就可以得到解释了。

如果不带偏见地进行解读,我们就会注意到,道教和佛教这两个思想来源还不够。以《易经》为基础的儒家形式也在书中得到了体现。《易经》中的八种基本卦象作为某些内心过程的符号在书中数次出现。我们将试图进一步解释运用这些符号所产生的影响。此外,由于儒家与道教有着广泛的共同基础,所以它们的思想结合不会破坏连贯性。

许多欧洲读者也许会明显感到,书中的许多说法都与基督教教义有相似之处。这些似曾相识的说法在欧洲往往只被当成宗教仪式的说辞,而在这里却通过它们被置入的心理关联而获得了一种完全不同的视角。我们看到了如下一些直觉和概念(这里只是随便选几个特别明显的例子):光是人的生命。眼睛是身体的光。精水和神火必须被植入如子宫或耕地般的意土,人的精神才能从中获得重生。让我们对比一下约翰的说法:"我是用水给你们施洗,但有一位能力比我更大的要来,他要用圣灵与火给你们施洗。"再比如,"人若不是从水和圣灵生的,就不能进神的国"。在这部经典中,"水"的思想成了种子式的东西,这是多么生动啊。在创生中耗尽自己的"外泄"活动(从肉身生的仍然是肉身)与"逆法"(metanoia)之间的区别是多么清楚啊。沐浴在这种重生中发挥了自己的作用,正如它会在约翰的(和基督教的)洗礼中发挥作用一样。甚至在基督教寓言中极为重要的神秘婚礼也出现了数次。书中还提到了孩子,我们心中的那个男孩(puer aeternus,基督,他必生自我们且是灵魂的新郎),还有新娘。也许最引人注目的是:即使是一个看起来无足轻重的细节,即需要在灯中添油而使之燃烧得更明亮一些,也经由我们这部经典而获得了一种新的重要心理学含义。值得一提的是,"金华"在秘传含义中包含了"光"。如果把这两个字上下相抵地写在一起,那么上面那个字的下半部分和下面那个字的上半部分就组成了一个"光"字。这个秘密符号显然是在受迫害期间发明出来的,为了教义的进一步传播,尽可能地躲避危险,给最深层的秘密蒙上一层面纱是必要的。也正因如此,其传承总是局限于秘密圈子,即使在今天,其信徒数量也比从外表看起来多得多。

　　如果追问这种光教指向何方,那么我们首先会想到波斯,因为在唐代,中国很多地方都有波斯寺院。不过,虽然某些观点与查拉图斯特拉宗教尤其是波斯神秘主义相符,但也存在着非常巨大的差异。还有一种想法是,基督教产生了直接影响。在唐代,作为基督教支派的景教有很高威望,信奉这种宗教的是与唐朝皇帝结盟的维吾尔人,公元781年在长安立的那块著名的大秦景教流行中国碑便是明证,碑上刻有中文和叙利亚文两种文字。因此,景教与金丹教之间的关系是非常有可能的。李提摩太(Timothy Richard)甚至认为金丹教不过是古代景教的遗存罢了。他的根据是,金丹教在某些仪式和传统上与基督教非常接近。后来,凭借着伯希和(Pelliot)在敦煌发现的景教礼拜仪式,佐伯好郎(P. Y. Saeki)①重拾这一理论,进一步确立了一系列类比。他甚至认为金丹教的创始人吕岩就是大秦景教流行中国碑的记录者亚当(Adam),因为亚当签了一个中文名字"吕秀岩"。根据他的假说,金丹教的创始人吕岩竟然是一个景教徒!佐伯好郎踌躇满志,带着这种鉴定的喜悦越走越远;他的所有证据几乎都很有说服力,但总是缺少那个能使证据合乎道理的决定性论点。许多部分证明加起来并不能组成一个整体证明。不过我们必须承认,金丹教中的确夹杂了浓厚的景教思想,这在这本书中也表现得很明显。在这些思想中,有一部分裹着陌生的外衣而显得很古怪,而另一部分则获得了一种显著的新活力。这里我们又看到了那个一再被证明的观点:

"东方和西方,不会再各自一方。"(歌德)

2. 本书的心理学和宇宙论前提

为了理解接下来的译文,有必要对其方法所依据的哲学基础再讲几句。在某种程度上,这种世界观是所有中国哲学流派的共同财富。它建立在这样一个前提的基础之上,即宇宙和人从根本上说服从同样的法则。人是一个小宇宙,与大宇宙并无严格界限。同样的法则支配两者,由此可以及彼,由彼也可以及此。心灵和宇宙的关系就像内部世界和外部世界的关系。因此,人自然参与了

---

① *The Nestorian Monument in China*. London, 2nd edition, 1928.

全部宇宙事件,里里外外同它们交织在一起。

于是,道(世界的意义、道路)支配着人,也支配着不可见和可见的自然(天和地)。"道"这个字的最初写法①是由一个"首"字(这里应作"开始"解)、一个双写的"走"字(也是"道路"的意思)以及下面的一个意为"保持站立"的字(在后来的写法中省略了)所组成的。因此,这个字的本义是"一条从开端出发直接导向目标的自身固定的道路"。其基本思想是,道虽然自身不动,却使所有运动得以获得和有了法则。天道是星辰运行所要遵循的道路,人道则是人生所要遵循的道路。老子在形而上学意义上使用了这个词,把它当成了最终的世界本原,当成了在任何实现之前、尚未用二元对立划分世界之前所存在的意义。本书预设了这种术语用法。

在儒家思想中,这个术语的用法略有不同。"道"在这里有一种内在世界的含义,意指"正确的道路",一方面是天道;另一方面是人道。在儒家思想中,未分的一的最终本原是"太极"。"极"这个字在本书中也时有出现,意思与"道"相同。

从道或太极之中产生了实在的本原,即光明的一极("阳")和黑暗的一极("阴")。一些欧洲研究者会首先想到性别关系,但这两个字其实与自然现象有关。"阴"是阴影,所以是山的北面和水的南面(因为白天太阳的位置使河流的南面显得阴暗)。"阳"原本指飞舞的信号旗,与"阴"相对,是山的南面和水的北面。正是由"光明"和"黑暗"这两种含义衍生出了所有对立两级(包括两性)。

---

① 参见 Gu Dschou Biën(《古籀篇》),Bd. 66,S. 25 ff.,对其他字的分析也参考了这本书。

然而,阴和阳只在现象领域起作用,它们共同源于未分的一,其中阳是决定性的主动本原,阴则是被导出或被决定的被动本原,因此很明显,这些思想并非基于一种形而上学的二元论。乾和坤这两个概念没有阴阳那么抽象,它们源于《易经》,以天和地为象征。通过天和地的结合,通过这一活动舞台内部的两种原初力量的作用(根据道这个原初法则),就产生了"万物"即外部世界。

从外部来看,人就其身体显现而言也在万物之中,人的所有部分也是一个小天地。因此根据儒家学说,人的内在本性来源于天,或如道家所说,是道的一种显现形式。在现象上,人显示为诸多个体,每一个个体之中都蕴藏着核心的"一"作为生命本原。但是在出生之前,在受孕的那一瞬间,它立即分成了性和命这两极。"性"这个字由"心"和"生"所组成。中国人认为,心是情感意识之所在,对五官从外界获得的印象的情感反应会把心唤醒。当没有任何情感被表达出来,或者说处于一种超验的超意识状态的时候,作为基底(Substrat)保留下来的东西就是性。根据这个概念被赋予的更精确的定义,如果从恒常的观点来看,性本善(孟子),如果从经验历史发展的观点来看,性本恶,或者至少是中性的,只有通过社会道德的长期发展才能变成善的(荀况)。

性无疑与逻各斯(Logos)接近,在进入现象时与命紧紧结合在一起。"命"这个字原本指一种王命,然后指命运、厄运、宿命、寿命、能够使用的生命能量等,因此命与厄洛斯(Eros)相近。可以说,这两种本原都是超个体的。正是性使作为精神存在的人成其为人。个体的人拥有性,但性远远超出了个体的界限。命也是超个体的,因为人只能接受命运,命运并非源于他有意识的意志。儒家认为命是人必须顺应和服从的天定法则;道家把命看成自然的一部丰富多彩的戏剧,它无法逃脱道的法则,但它本身是一种纯粹的偶然;而中国佛教则把命看成业(Karma)在虚幻的世界中产生的作用。

这两个对子在肉身的人之中对应于如下两极张力。身体是被两种心灵结构的相互作用激活的:其一是魂,因为属阳,我把它译成"阿尼姆斯"(Animus);其二是魄,因为属阴,我把它译成"阿尼玛"(Anima)。这两个概念都来源于对死亡过程的观察,所以它们都含有一个"鬼"字,意为死去的人。魄被认为尤其与身体过程有关,人死后,魄沉入地下慢慢朽坏。而魂则是较高级的灵魂,人死后,魂升到空中,先是活动一段时间,然后消散在天空之中,或者说是流回了生命之源。在活人中,这两者在某种程度上对应于脑神经系统和交感神经系统。魂居于目,魄居于腹。魂明亮而有活力,魄阴暗而迁于俗世。"魂"由"鬼"和"云"组成,"魄"则由"鬼"和"白"组成。这其中的思想与我们在其他地方看到的影子灵魂和身体灵魂有些类似。中国人的理解中无疑包含着类似的含义,但我们必须对这种衍生保持谨慎,因为中国最古老的书写形式中还没有表示鬼的符号,这里所涉及的原初符号也许并不能进一步衍生。无论如何,魂是明亮的阳性灵魂,魄则是阴暗的阴性灵魂。

通常的"顺流"(rechtsläufige)亦即"下流"(fallende)是这样一个生命过程,魂和魄分别作为理性因素和动物因素彼此关联。一般来说,魄这种昏昏沉沉的意志会受情欲驱使,迫使魂或理智为它服务,至少会使理智指向外部,由此魂和魄的能量渗漏出去,生命也就耗尽了。其正面结果是创造出新的存在,使生命在其中延续，原初的存在则使自身"外化"，"最终被物变成物"，其终点就是死亡。魄下堕，魂飞升，丧失能量的自我（das Ich）现在处于一种结果未定的状态。如果自我对"外化"表示默许，它就会顺着向下的拉力堕入悲惨阴沉的死亡之中，只能被生命的幻相可怜地滋养。这些幻相仍会继续吸引它，但它不再能主动参与（地狱、恶鬼）。但是在"外化"过程中，如果自我努力向上升，那么只要能被死者家属所供奉的牺牲的能量所加强，它根据自己的功过至少可以获得一段相对幸福的生命。在这两种情况下，人格要素退却，与"外化"相对应的退化随之产生：该存在将会变成一个无力的幽灵，因为它缺乏生命能量，它的命运走到了终点。此时，它在天堂或地狱中接受善恶果报，但这里的天堂或地狱并不是外在的东西，而是纯粹的内心状态。它越是陷入这些状态，就越是纠缠其中，直到最终从一切可能的存在层面消失，然后进入一个新的子宫，由它储备的想象开始一个新的存在。这就是**鬼的状态**。

反过来，如果活着的时候就能"逆流"，引导生命能量上升，如果魄的能量被魂所掌控，从外界事物中的解脱就会发生。自我对外界事物依然认识，但却无所欲求。这样一来，幻相的能量被打破，一种内在向上的能量循环开始发生。自我从世界的纠缠中脱身出来，死后仍然活着，因为"内化"已经阻止了生命能量的向外耗费，生命能量将在单子（Monade）的内在旋转中创造一个不依赖于肉体存在的生命中心。这样一个自我就是神。"神"这个字意为伸展、起作用，简而言之与"鬼"相对。"神"字最古老的写法是一段双波形线，也有雷、闪电、电刺激之义。只要内在旋转持续，这样一种存在就会继续下去。尽管不可见，它仍然能够影响人，激发出伟大的思想和高尚的行为。古代圣贤就是这样的存在。几千年来,他们一直在激励和教育人类。

　　但仍然存在着一种限制。这些存在依然是人格性的,因此要受制于时间和空间的影响。天地并非永恒,它们也并非不朽。永恒者唯有金花,通过内在的解脱,它摆脱了万物的一切纠缠。达到这种境界的人转变了他的自我,不再被单子所限,而是超越了所有现象的二元对立,回到了未分的一,即道。这里佛教与道教有所不同。在佛教中,这种回归涅槃与自我的完全消灭有关,因为和世界一样,自我仅仅是幻相。即使不能把涅槃解释为死亡、终止,涅槃也仍然是某种绝对超越的东西。而在道教中,目标是在一种改观的形态下保存人的观念,保存体验的"痕迹"。那就是和命一起返回自身的光,在本书中以金花为象征。

　　作为补充,我们必须对书中使用的《易经》八卦再说几句。震卦☳代表雷、生发的东西,是从土地深处爆发出来的生命,是一切运动的开始。巽卦☴代表风、木、柔和的东西,表示实在的力量流入观念形式。正如风可以遍及所有空间,巽也可以渗透一切,创造"现实"。离卦☲代表太阳、火、明亮的东西,在这种"光的宗教"中起着重要作用。它居于目,形成保护圈,带来重生。坤卦☷代表地、接受性的东西,是两个初始本原之一,即在地的力量中实现的阴。地作为耕种过的田野接受天的种子并赋予其形体。兑卦☱代表湖、雾、明朗的东西,是阴的终结状态,因此属于秋天。乾卦☰代表天、创造的东西、强大的东西,是阳的实现,滋润着坤。坎卦☵代表水、深不可测的东西,与离卦☲相对,这从卦形上也可以看出来。坎代表厄洛斯,离代表逻各斯。离是日,坎是月,坎离结合就是产生婴儿、新人的那个神秘的魔法过程。艮卦☶代表山、静立的东西,是禅定的象征,通过使外物保持静止而实现收心内视。因此艮是生死相会之所,在那里完成了"死而转生"(Stirb und Werde)。

二、《太乙金华宗旨》原文

[译者按:《太乙金华宗旨》共有十三章,卫礼贤只翻译了前八章,且有个别段落没有译出来,后面五章卫礼贤觉得价值没有那么大而未译出。《慧命经》全书共二十章,卫礼贤只翻译了前八章,即图说部分。这两部经典的言辞较为浅显,卫礼贤的德语译文对大多数中国读者的参考价值不大,故略去,这里只将《太乙金华宗旨》的十三章全文和《慧命经》的前八章附上,有兴趣的读者可另行参考国内的相关书籍以及英、德、日等语种的译本。需要指出的是,《太乙金华宗旨》的版本比较复杂,当代学者一般将其分为以《道藏辑要》为代表的净明派系统和以《道藏续编》为代表的龙门派系统,两者的差异主要在第一章。卫礼贤所依据的是1921年慧真子编的版本或所谓的慧本,它将净明派的《太乙金华宗旨》版本与《慧命经》合刊,当时重印时称为《长生术·续命方》。以下所附为慧本的原文,并参照了其他版本加以校订,还根据德文原文在分段上作了调整,中括号内的仿宋体是慧真子的注。]

天心第一

吕祖曰:自然曰道。道无名相,一性而已,一元神而已。性命不可见,寄之天光。天光不可见,寄之两目。古来仙真,口口相传,传一得一。自太上见化,东华递传某,以及南北两宗,全真可为极盛。盛者盛其徒众,衰者衰于心传。以至今日,滥泛极矣,凌替极矣。极则返。故蒙净明许祖,垂慈普度,特立教外别传之旨,接引上根。闻者千劫难逢,受者一时法会,皆当仰体许祖苦心。必于人伦日用间,立定脚根,方可修真悟性。我今叨为度师,先以太乙金华宗旨发明,然后细为开说。

太乙者,无上之谓。丹诀总假有为而臻无为,非一超直入之旨。所传宗旨,直提性功,不落第二法门,所以为妙。

金华即光也。光是何色?取象于金华,亦秘一光字在内。是先天太乙之真炁。"水乡铅,只一味"者,此也。

[夫天一生水,即太乙之真炁。人得一则生,失一则死。然人仗炁而生,人不见炁;鱼仗水而活,鱼不见水。人无炁则死,鱼离水则亡。故仙人教人抱元守一者,即回光守中,守此真炁则可以延年也。然后用法煅炼,则造成不死之躯矣。]

回光之功,全用逆法,注想天心。天心居日月中。

《黄庭经》云:"寸田尺宅可治生。"尺宅,面也。面上寸田,非天心而何?方寸中具有郁罗萧台之胜,玉京丹阙之奇,乃至虚至灵之神所住。儒曰虚中,释曰灵台,道曰祖土、曰黄庭、曰玄关、曰先天窍。盖天心犹宅舍一般,光乃主人翁也。

故一回光,周身之炁皆上朝,如圣王定都立极,执玉帛者万国。又如主人精明,奴婢自然奉命,各司其事。

诸子只去回光,便是无上妙谛。光易动而难定,回之既久,此光凝结,即是自然法身,而凝神于九霄之上矣。《心印经》所谓"默朝飞升"者,此也。

宗旨行去，别无求进之法，只在纯想于此。《楞严经》云："纯想即飞，必生天上。"天非苍苍之天，即生身于乾宫是也。久之，自然身外有身。

金华即金丹。神明变化，各师于心。此中妙诀，虽不差毫末，然而甚活。全要聪明，又须沉静，非极聪明人行不得，非极沉静人守不得。

［此章全旨，首述大道之根源。夫天心者，即大道之根苗也。人能静极，则天心自现。情动顺出而生人，为元性也。此性自父母未生、此身受孕之时即寓于真窍，自囡的一声落生之后，则性命分为二矣。由此而往，非静极，性命不复相见。

故《太极图》曰："太乙含真炁，精神魂魄意，静极见天心，自然神明至。"原此性虽居于真窍，而光华寄于二目，故祖师教人回光以求真性。夫真性即元神，元神即性命，究其实，即元炁也，而大道即此物矣。

祖师复恐人不知至道之精微，由有为而至于无为，故又曰："丹诀总假有为而臻无为。"盖有为者，即始而回光返照，以求天机发现，继而产生真种，用法煅炼造成金丹。然后过关结胎，行温养沐浴之功，造入无为之境。一年火候满足，方可移胎脱壳，超凡入圣矣。

但此法至简至易，然而此中千变万化。故曰"非一超直入之旨也"。欲求长生者，奚可不觅此元性发源之处哉。］

元神识神第二

吕祖曰：天地视人如蜉蝣。［蜉蝣，水虫也，朝生而暮死。］大道视天地亦泡影。惟元神真性，则超元会而上之。[按一万八千年为一会，世所谓天开于子会而闭于亥会。略言之，十二会为一元，即一二万九千六百年，天地当合闭也。此言惟炼成真性，能超出天地轮回之外。]

其精气则随天地而败坏矣。然有元神在，即无极也，生天生地，皆由此矣。学人但能守护元神，则超生在阴阳之外，不在三界之中，此惟见性方可，所谓本来面目也。

凡人投胎时，元神居方寸，而识神则居下心。下面血肉心，形如大桃，有肺以覆翼之，肝佐之，大小肠承之。假如一日不食，心上便大不自在，以至闻惊而跳，闻怒而闷，见死亡则悲，见美色则眩。头上天心何尝微微些动也？问：天心不能动乎？方寸中之真意，如何能动。到动时便不妙，然亦最妙。凡人死时方动，此为不妙。最妙者，光已凝结为法身，渐渐灵通欲动矣。此千古不传之秘也。

下识心如强藩悍将，欺天君暗弱，便遥执纪纲。久之，太阿倒置矣。今凝守元宫，如英明之主在上；二目回光，如左右大臣尽心辅弼。内政既肃，自然一切奸雄无不倒戈乞命矣。

丹道以精水、神火、意土三者为无上之诀。精水云何？乃先天真一之炁。神火，即光也。意土，即中宫天心也。以神火为用，意土为体，精水为基。凡人以意生身，身不止七尺者为身也，盖身中有魄焉。魄附识而用，识依魄而生。魄阴也，识之体也。识不断，则生生世世，魄之变形易质无已也。

惟有魂，神之所藏也。魂昼寓于目，夜舍于肝。寓目而视，舍肝而梦。梦者神游也，九天九地，刹那历遍。觉则冥冥焉，渊渊焉，拘于形也，即拘于魄也。故回光所以炼魂，即所以保神，即所以制魄,即所以断识。古人出世法,炼尽阴滓,以返纯乾,不过消魄全魂耳。回光者,消阴制魄之诀也。虽无返乾之功,止有回光之诀。光即乾也,回之即返之也。只守此法,自然精水充足,神火发生,意土凝定,而圣胎可结矣。蜣螂转丸,而丸中生白,神注之纯功也。粪丸中尚可生胎离壳,而吾天心休息处,注神于此,安得不生身乎。

一灵真性,既落乾宫,便分魂魄。魂在天心,阳也,轻清之炁也。此自太虚得来,与元始同形。魄阴也,沉浊之气也,附于有形之凡心。魂好生,魄望死。一切好色动气皆魄之所为,即识神。死后享血食,活则大苦。阴返阴也,物以类聚也。学人炼尽阴魄,即为纯阳也。

[此章大义详述元神识神为主宰人身气化之权柄。祖师曰:"人生如蜉蝣,惟元神其性,能超出天地轮回劫运之外。"夫真性者,出于无极,窍太极之元炁,而成受天地之性,为识神;得父母之性,为元神。而元神无识无知,能主生身之造化。识神最显最灵,能应变无停,为人心之主宰,在身则为魄,出身则为鬼。唯元神随身之有无,从受胎以得其身,凝于无极之中。

自囡的一声落生之时,这识神趁此吸气,随吸而进,以为投胎之舍,而居于人心。从此以心为主,而元神失位,识神当权。

然元神喜静,识神好动,动则不离情欲,昼夜竭耗元精,直至将元神之炁耗尽,而识神舍壳而出。

平素为善者临危,神气清明由上窍口鼻而出,所谓气之清轻而上浮者,升天为五通之阴神阴仙。然元神既被识神所使,生平因贪嗔嗜欲而造诸罪业,致使临危神气昏迷,则识神由下窍肛门随气而出,所谓神气昏浊而下凝者,堕于地府为鬼。此时不但元神丧失,而真性之灵慧亦因之减少,故祖师谓之到动时便不妙者,此也。

今欲保存元神,非先制伏识神不可。然制伏之法,须由回光入手。当回光之时,使身心两忘,心死神活,神活则炁息运转无不玄妙,此祖师谓最妙者也。然后使神潜于腹中,炁于神交,则神与炁和合凝集,是为下手之法。

久之,命官元神化成真炁,斯时用河车转运之法,炼之而成金丹,是为转手之法。

金丹既成,圣胎可结,宜行温养道胎之功,是为了手之法。

俟婴儿炁体既全,再用出胎还虚之功,是为撒手之法。

此为千古以来大道次第,长生不死成仙作圣之实法,非空说也。

然工夫至此,则群阴剥尽,体变纯阳。变识神为元神,方可称为变化无穷,跳出轮回、六通之金仙。若不用此法修炼,何人能逃出生死之途也。]

回光守中第三

吕祖曰:回光之名何昉乎? 昉之自文始真人也[即关尹子]。回光则天地阴阳之气无不凝,所谓精思者此也,纯炁者此也,纯想者此也。初行此诀,乃有中似无。久之功成,身外有身,乃无中似有。百日专功,光才真,方为神火。百日后,光中自然一点真阳,忽生黍珠,如夫妇交合有胎,便当静以待之。光之回,即火候也。

夫元化之中,有阳光为主宰。有形者为日,在人为目,走漏神识,莫此甚顺也。故金华之道,全用逆法。

[人心属火,而火之光华上通二目,眼观万物,谓之顺视,今使

卫礼贤的文本与解释

坐禪圖

坐久忽所知忽覺月在地
泠泠天風來蕭然刮肝肺
俯視一泓水澄湛無物擎
中有纖鱗遊默默自相笑

無事此靜坐一日如兩日
若活七十年便是百四十
靜坐少思寡欲實心養氣存神
此是修真要訣學者可以青神

修行次第一：聚光

之闭目反观，内视祖窍，则谓之逆法。肾气属水，情动下流，顺生男女。若机发时，不令其顺出，用意摄回，而使之上升乾鼎，滋养身

86

心,亦谓之逆法。故曰金丹之道全用逆法。]

回光者,非回一身之精华,直回造化之真炁;非止一时之妄念,直空千劫之轮回。故一息当一年,人间时刻也;一息当百年,九途长夜也。

凡人自囡的一声之后,逐境顺生,至老未尝逆视。阳气衰灭,便是九幽之界。故《楞严经》云:"纯想即飞,纯情即堕。"学人想少情多,沉沦下道,唯谛观息静,便成正觉,用逆法也。

《阴符经》云:"机在目。"《黄帝素问》云:"人身精华,皆上注于空窍"是也。得此一节,长生者在兹,超升者亦在兹矣。此是贯彻三教工夫。

光不在身中,亦不在身外。山河大地,日月照临,无非此光,故不独在身中。聪明智慧,一切运转,亦无非此光,所以亦不在身外。天地之光华,布满大千,一身之光华,亦自漫天盖地。所以一回光,天地山河一切皆回矣。人之精华,上注于目,此人身之大关键也。子辈思之,一日不静坐,此光流转,何所底止?若一刻能静坐,万劫千生,从此了彻。万法归于静,真不可思议,此妙谛也。[由此以下系初学入手之必要,学者不可不知。]

然工夫下手,由浅入深,由粗入细,总以不间断为妙。工夫始终则一,但其间冷暖自知,要归于天空海阔,万法如如,方为得手。

圣圣相传,不离反照。孔云"致知",释曰"观心",老云"内观",皆此法也。

但反照二字,人人能言,不能得手,未识二字之义耳。反者,自知觉之心,反乎形神未兆之初,即吾六尺之中,反求个天地未生之体。今人但一二时中间静坐,反顾己私,便云反照,安得到头?

佛道二祖，教人看鼻尖者，非谓着念于鼻端也，亦非谓眼观鼻端，念又注中黄也。眼之所至，心亦至焉，何能一上而一下也？又何能忽上而忽下也？此皆误指而为月。

毕竟如何？曰鼻端二字最妙，只是借鼻以为眼之准耳，初不在鼻上。盖以大开眼，则视远，而不见鼻矣；太闭眼则眼合，亦不见鼻矣。大开失之外走，易于散乱；太闭失之内驰，易于昏沉。惟垂帘得中，恰好望见鼻端，故取以为准。只是垂帘恰好，任彼光自然透入，不劳你注射与不注射。看鼻端，只于最初入静处举眼一视，定个准则，便放下。如泥水匠人用线一般，彼自起手一挂，便依了做上去，不只管把线看也。

止观是佛法，原不秘的。〔祖师恐世人误以为止观是仙佛不传之秘点，故首先道破止观是佛法，原不秘的，不过为初学之阶耳。〕

以两目谛观鼻端，正身安坐，系心缘中。道言中黄，佛言缘中，其实一也。不必言头中，但于两目中间齐平处系念便了。〔学者注意宜从此处下手。〕光是活泼泼的东西，系念于两目中间，光自然透入，不必着意于中宫也。此数语已括尽要旨。其余入静出静前后，以《小止观》书印证可也。

缘中二字极妙。中无不在，遍大千皆在里许。聊指造化之机，缘此入门耳。缘者，缘此为端倪，非有定著也。此二字之义，活甚妙甚。

止观二字，原离不得，即定慧也。以后凡念起时，不要仍旧兀坐，当究此念在何处，从何起，从何灭。反复推究，了不可得，即见此念起处也，不要又讨过起处。"觅心了不可得，吾与汝安心竟"，此是正观。反此者，名为邪观。如是不可得已，即仍旧绵绵去，止而继之以观,观而继之以止,是定慧双修,此为回光。回者止也,光者观也。止而不观,名为有回而无光;观而不止,名为有光而无回。志之。

　　[此章大义言回光宜守中为要。盖前章既云:人身至宝以元神为主,因被识神所使,致元神日夜耗散,耗尽则身亡。今拟制伏识神,保存元神之法,非先由回光入手不可。譬如欲造华屋,先寻美基,基址既定,然后刨槽走夯,深固墙脚,布定柱磉。若不由此立基,屋宇岂能成立? 养生之法,亦复如是。盖回光即如造屋之立基也。基址既立,岂可不迅速营造? 以神火守中黄,即营造之谓也。故祖师特将养生入门之法指明,教人以两目谛观鼻端,垂帘内顾,正身安坐,系心缘中。

　　夫系念于两目中间,原谓使光透入,然后凝神入于缘中。缘中即下丹田炁窍也。

　　祖师秘语曰:初下功之时,处于静室,坐则身如槁木,心似寒灰,以两目垂帘内顾,澄心涤虑,绝欲保精。每日跏趺大坐,含眼光,凝耳韵,缄舌气,即舌舐上腭,调鼻息,意止玄关。苟不先调患,则恐有闭塞喘急之患。方合眼时,当齐瞩鼻梁间一所。其所去眼光相交处略下无半寸许,即鼻梁直上按之有小骨处,此乃起初收拾念头耳。调息,身心安和,眼光须寂然长照,毋使昏散。眼不外视,垂帘内照,照在此处。口不谈笑,闭兑内息,息在此处。鼻不闻香,闻在此处。耳不外听,听在此处。一心内守,守在此处。意不外驰,真念自住。念住则精住,精住则气住,气住则神住。神即念,念即心,心即火,火即药,于此观照内景,氤氲辟阖,其妙无穷。然非调息工夫,未有能深造化其妙者也。

倘学者起初,若不系念于两目中间,闭目时不俟心气适和,直观氤窍,则恐因气息喘急而生他患。盖缘身心未忘,气浮息燥,强制之故耳。

故若只系念于两目,不凝神于缘中,则为升堂未入于室,必至神火不生而气冷,真种难以发现。

故祖师复恐人用功时,只知意住鼻窍,而不知系念于氤窍,乃以泥水匠人用线之法喻之。盖泥水匠人用线,不过看其物之歪正,以线而定准则,定准之后,方可下手。在物上动作,并非在线上作用也。明矣。以此则知,系念于两目中间,正如匠人用线之义也。祖师反复指示者,恐人不明其义也。夫既晓以下手之法,又患学者工夫间断,故又曰:"百日专功光才真,方为神火。"工夫行之既纯,则百日后,光中一点真阳,自然发现也。学者宜悉心审查焉。]

回光调息第四

吕祖曰:宗旨只要纯心行去,不求验而验自至。大约初机病痛,昏沉散乱,二种尽之。却此有机窍,无过寄心于息。息者,自心也,自心为息。心一动而即有气,气本心之化也。吾人念至速,霎顷一妄念,即一呼吸应之。故内呼吸与外呼吸,如声响之相随。一日有几万息,即有几万妄念。神明漏尽,如木槁灰死矣。

然则欲无念乎?不能无念也。欲无息乎?不能无息也。莫若即其病而为药,则心息相依是已。故回光兼之以调息,此法全用耳光。一是目光,一是耳光。目光者,外日月交光也;耳光者,内日月交精也。然精即光之凝定处,同出而异名也。故聪明总一灵光而已。

嬰兒現形圖

此時丹孽更須慈母惜嬰兒

衍准坐臥
抱雌守雄
綿綿若存
念兹在兹

氣穴法名無盡藏
藏包於寂寂包空
我問空中誰氏子
龜云是你主人翁

夫婦媾之夜
孕娠媾之年
傳泄其情交藏
其神隨如大
小俱得其真

潛龍今已化飛龍
變現神通不可窮
一朝跳出珠光外
湧身直到紫微官

神水溶液
沉灌根株
內外無塵
長養聖胎

他日雲飛方見真人朝上帝

修行次第二：新生

坐时用目垂帘后,定个准则便放下。然竟放下,又恐不能,即存心于听息。息之出入,不可使耳闻,听惟听其无声也。一有声,便粗浮而不入细,即耐心轻轻微微些,愈放愈微,愈微愈静。久之,忽然微者遽断,此则真息现前,而心体可识矣。盖心细则息细,心一则动炁也;息细则心细,炁一则动心也。定心必先之以养炁者,亦以心无处入手,故缘炁为之端倪,所谓纯炁之守也。

子辈不明动字,动者以线索牵动言,既制字之别名也。即可以奔趋使之动,独不可以纯静使之宁乎?此大圣人视心炁之交,而善立方便,以惠后人也。

丹书云:"鸡能抱卵心常听。"此要妙诀也。盖鸡之所以能生卵者,以暖气也。暖气止能温其壳,不能入其中,则以心引炁入。其听也,一心注焉。心入则气入,得暖气而生矣。故母鸡虽有时出外,而常作侧耳势,其神之所注未常少间也。神之所注,未尝少间,即暖气亦昼夜无间,而神活矣。神活者,由其心之先死也。人能死心,元神活矣。死心非枯槁之谓,乃专一不分之谓也。

佛云:"置心一处,无事不办。"心易走,即以炁纯之;炁易粗,即以心细之。如此而焉有不定者乎?

大约昏沉散乱二病,只要静功,日日无间,自有大休息处。若不静坐时,虽有散乱,亦不自知。既知散乱,即是却散乱之机也。昏沉而不知,与昏沉而知,相去奚啻千里?不知之昏沉,真昏沉也;知之昏沉,非全昏沉也,清明在是矣。散乱者,神驰也。昏沉者,神未清也。散乱易治,而昏沉难医。譬之病焉,有痛有痒者,药之可也,昏沉则麻木不仁之症也。散者可以收之,乱者可以整之,若昏沉,则蠢蠢焉,冥冥焉。散乱尚有方所,至昏沉全是魄用事也。散乱尚有魂在,至昏沉则纯阴为主矣。静坐时欲睡去,便是昏沉。却昏沉,只在调息。息即口鼻出入之息,虽非真息,而真息之出入,亦于此寄焉。

凡坐须要静心纯炁。心何以静?用在息上。息之出入,惟心自知,不可使耳闻。不闻则细,细则清。闻则气粗,粗则浊。浊则昏沉而欲睡,自然之理也。

虽然心用在息上,又善要会用,亦是不用之用,只要微微照听可耳。此句有微义。何谓照?即眼光自照,目惟内视而不外视。不外视而惺然者,即内视也,非实有内视。何谓听?即耳光自听,耳惟内听而不外听。不外听而惺然者,即内听也,非实有内听。听者听其无声,视者视其无形。目不外视,耳不外听,则闭而欲内驰。惟内视内听,则既不外走,又不内驰,而中不昏沉矣。此即日月交精交光也。

昏沉欲睡,即起散步,神清再坐。清晨有暇,坐一炷香为妙。过午人事多扰,易落昏沉。然亦不必限定一炷香,只要诸缘放下,静坐片时,久久便有入头,不落昏沉睡者。

[此章大义,言回光之要在于调息。盖工夫进一步,道理深一层。学者当回光时,便心息相依,以防昏沉散乱之患。原祖师恐初学之人坐时,才一垂帘,妄念纷纭,心驰难治,故教人须用调息工夫,系住心意,以杜神气外驰。

因息从心生,息之不调,皆由心浮。法宜先使一呼一吸微微出入,不使耳闻,心中默识数息,若心忘其息之出入数目,即是心外驰矣,即提住此心。使耳不专听,或是眼不顾鼻梁间,亦是心外驰矣。或是睡觉至也,此即为境入昏沉,即当整理精神。垂帘颐鼻,使口不含住,牙不咬紧,亦是心外驰也,急急含住咬著。此为五官听于心,而神又须依乎气,方是心息相依。如此不过旬余日工夫,则心息自然相忘相翕,不必数而息自调矣。息调,则昏沉散乱之病自稀矣。]

回光差谬第五

吕祖曰：诸子工夫，渐渐纯熟，然枯木岩前错落多，正要细细开示。此中消息，身到方知，吾今则可以言矣。吾宗与禅宗不同，有一步一步证验，请先言其差别处，然后再言证验。

宗旨将行之际，预作方便，勿多用心，放教活泼泼地，令气和心适，然后入静。静时正要得机得窍，不可坐在无事甲里，所谓无记空也。万缘放下之中，惺惺自若也，又不可以意兴承当。凡太认真，即易有此。非言不宜认真，但真消息，在若存若亡之间，以有意无意得之可也。惺惺不昧之中，放下自若也。

又不可堕于蕴界。所谓蕴界者，乃五阴魔用事。如一般入定，而槁木死灰之意多，大地阳春之意少，此则落于阴界。其气冷，其息沉，且有许多寒衰景象，久之便堕木石。

又不可随于万缘。如一人静，而无端众绪忽至，欲却之不能，随之反觉顺适，此名主为奴役，久之落于色欲界。〔此即祖师所谓枯寂静坐，只知性不知命，未得机窍者之弊矣。〕上者生天，下者生狸奴中，若狐仙是也。彼在名山中，亦自受用。风月花果，琪树瑶草，三五百年受用去，多至数千岁，然报尽还生诸趣中。

此数者，皆差路也。差路既知，然后可求证验。

〔此章大义，系祖师指示学者回光工夫，差谬之宜晓然。前章既示以调息之为要，此章复恐学者回光时误入于歧途，故祖师示人曰："此中消息，身至方知。"盖调息静极，若不知和合凝集，将神入于氤穴，非堕于顽空，即入于魔境。此即祖师所谓"枯木岩前错落多"也。缘垂帘坐久，或见光华彩色发现，或见菩萨神圣降临，种种幻境,皆非佳乡,实乃魔境。又或回光静极,周身气息未得融和,肾水不能上潮,下元气冷,其息沉浊,此所谓大地阳和气少,乃入空顽之境也。抑或坐久杂念丛生,止之不住,随之反觉顺适,且不可再坐,再坐反足长火,与身无益。即须放下,径行片时,俟气和心适,然后再坐。坐静总要有觉有知。若得丹田气息融和温暖,真阳之机蠢蠢欲动,方为得窍。真窍既得,则不致堕于色欲阴魔之界矣。]

回光证验第六

吕祖曰:证验亦多,不可以小根小器承当,必思度尽众生。不可以轻心慢心承当,必须请事斯语。

静中绵绵无间,神情悦豫,如醉如浴,此为遍体阳和,金华乍吐也。既而万籁俱寂,皓月中天,觉大地俱是光明境界,此为心体开明,金华正放也。

既而遍体充实,不畏风霜,人当之兴味索然者,我遇之精神更旺。黄金起屋,白玉为台,世间腐朽之物,我以真炁呵之立生,红血为乳,七尺肉团,无非金宝,此则金华大凝也。

第一段,是应《观经》云:"日落大水,行树法象。"日落者,从混沌立基,无极也。上善若水,清而无瑕,此即太极主宰,出震之帝也。震为木,故以行树象焉。七重行树,七窍光明也。西北乾方,移一位为坎。日落大水,乾坎之象。坎为子方,冬至雷在地中,隐隐隆隆,至震而阳方出地上矣,行树之象也。余可类推矣。

第二段,即肇基于此。大地为冰,琉璃宝地,光明渐渐凝矣。所以有蓬台,而继之有佛也。金性即现,非佛而何?佛者大觉金仙也,此大段证验耳。

端拱宾心图

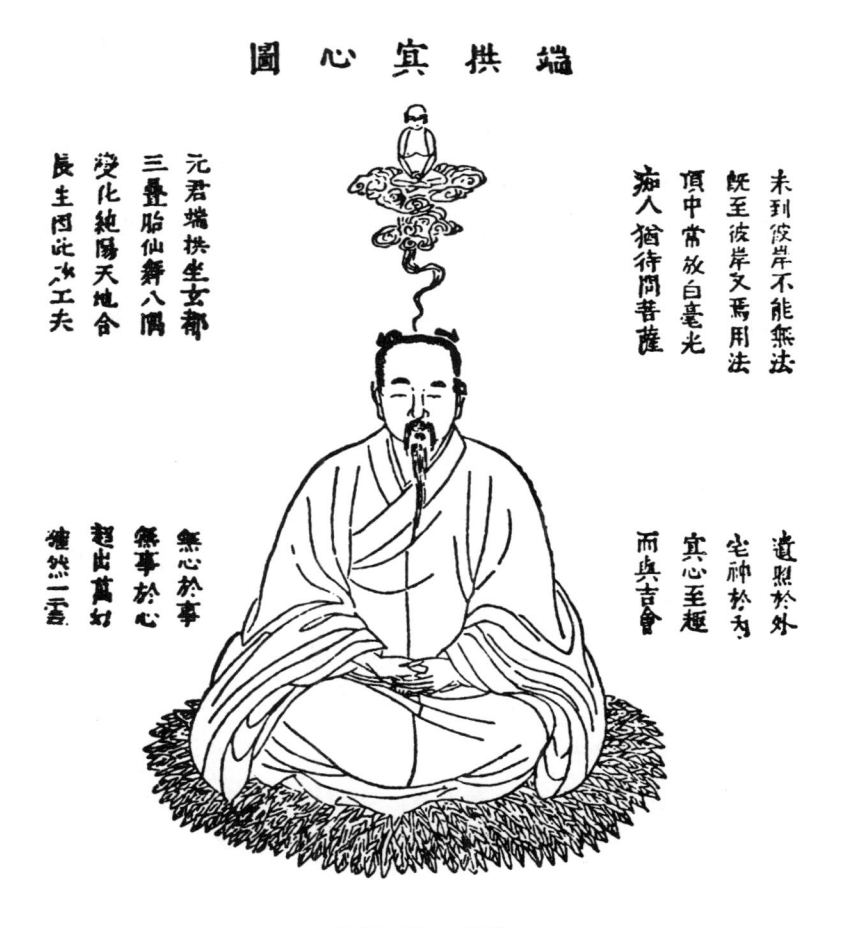

未到彼岸不能無法
既至彼岸又焉用法
頂中常放白毫光
痴人猶待問菩薩

元君端拱坐玄都
三疊胎仙舞八隅
没化絶陽天地合
長生固此次工夫

道照於外
宅神於内
賓心至趣
而與吉會

無心於事
無事於心
超出萬幻
確然一尊

修行次第三：神游

现在证验，可考有三：一则坐去，神入谷中，闻人说话，如隔里许，一一明了。而声入皆如谷中答响，未尝不闻，我未尝一闻。此为神在谷中，随时可以自验。

一则静中，目光腾腾，满前皆白，如在云中，开眼觅身，无从觅视，此为虚室生白，内外通明，吉祥止止也。

一则静中，肉身絪缊，如绵如玉，坐中若留不住，而腾腾上浮，此为神归顶天，久之上升可以立待。〔此言系回光静极，使神火凝入炁窍，窍中真炁被火薰蒸，自然上朝乾鼎，此时非丹成阳神上升之谓。〕

此三者，皆现在可验者也。然亦是说不尽的，随人根器，各现殊胜。如《止观》中所云善根发相是也。此事如人饮水，冷暖自知，须自己信得过方真。

先天一炁，即在现前证验中自讨。一炁若得，丹亦立成，此一粒真黍珠也。一粒复一粒，从微而至著。有时时之先天，一粒是也。有统体之先天，一粒乃至无量是也。一粒有一粒力量，此要自己胆大，为第一义。（本段卫礼贤未翻译）

〔此章乃祖师指示回光工夫之效果。盖功夫行之既勤，效验自至。夫回光如人饮水相似，冷暖自知。然工夫行之勤惰，其中意味应晓。原祖师恐学者工夫造入玄境之时，自己疑惑，不知真伪，因特将其中证验指明，以备学者考察。尤恐学者误于旁门之旨，不知正道有确实之证据。抑或只知静守枯性，而不知有命窍动机之妙用。故再将大道工夫，由浅入深，逐节证验，一一指示。露泄至此，慈悲至矣。然证验虽多，首以静坐中"气息绵绵，无间无断，身体如醉如浴"为验。工夫至此，则遍体之气阳和，因神火入于肾水，二气凝集既久，则窍内水中火发，命机自动，即祖师所谓金华乍吐也。斯时儒家谓之尽性至命。然阴神静极，阳气必动，故曰冬至雷在地中，乃一阳来复之谓也。又或坐久，妄念潜踪，神凝炁穴，则气住神停,即神入谷中之谓也。谷中,即炁窍也。工夫行之至此,则丹田暖气融和,其气由下元渐渐上腾,遍满周身,故曰肉身絪缊也。斯时身心快乐,真种当产,即一粒黍珠发现之时也。然若不由调息工夫入手,何能到此佳境。唯其要,总在于垂帘内顾时,务须放下身心,使身心两忘。意不外驰,真炁自住,炁住则神在。盖神在于炁穴,则气畅身舒,真神自产,长生自易也。炁窍在心下三寸六分之下。](本段卫礼贤未翻译)

回光活法第七

吕祖曰:回光循循然行去,不要废弃正业。古人云:"事来要应过,物来要识破。"子以正念治事,即光不为物转,光即自回。此时时无相之回光也,尚可行之,而况有真正著相回光乎。

日用间,能刻刻随事返照,不着一毫人我相,便是随地回光。此第一妙用。

清晨能遣尽诸缘,静坐一二时最妙。凡应事接物,只用返照法,便无一刻间断。如此行之,三月两月,天上诸真,必来印证矣。

[前章言工夫既已造入佳乡,此章正应使学者工夫日渐精进,以期丹药早得。而祖师此时反云"不要废弃正业",何哉?读者至此,必疑祖师不欲学者金丹早得乎?识者曰:非也。盖祖师恐学者俗愿未了,故作是语也。然工夫即已造入佳境,则心如水镜相似。物来则现,物去则神气自相禽敛,不为外物所牵。即祖师所谓"不着一毫人我相"矣。学者若能使真意常得住于炁穴,则不回光而光自回矣。光回则药物自产,无妨兼顾人事。非若初坐之时,神气散乱,若不扫除人事,寻觅静处,专攻锻炼,以避俗务之扰,必至朝勤

夕惕,何时方能得其玄奥乎?故曰:初用工之时,宜抛弃家务,倘若不能,亦须托人照理,以使专意勤修。若工夫造到玄微,则不妨再行兼理正务,以了俗愿。是谓回光活法。昔紫阳真人有言曰:"修行混俗且和光,圆即圆兮方即方,显微逆从人莫测,教他怎能见行藏。"盖回光活法,即和光混俗之义也。〕

逍遥诀第八

吕祖曰:

玉清留下逍遥诀,四字凝神入炁穴。
六月俄看白雪飞,三更又见日轮赫。
水中吹起藉巽风,天上游归食坤德。
更有一句玄中玄,无何有乡是真宅。

律诗一首,玄奥已尽。大道之要,不外"无为而为"四字。惟无为,故不滞方所形象。惟无为而为,故不堕顽空死虚。作用不外一中,而枢机全在二目。二目者,斗柄也,斡旋造化,转运阴阳,其大药则始终一水中金(即水乡铅)而已。前言回光,乃指点初机,从外以制内,即辅以得主。此为中下之士,修下二关,以透上一关者也。今头绪渐明,机括渐熟,天不爱道,直泄无上宗旨,诸子秘之秘之,勉之勉之。

夫回光,其总名耳。工夫进一层,则光华盛一番,回法更妙一番。前者由外制内,今则居中御外。前者即辅相主,今则奉主宣猷,面目一大颠倒矣。法子欲入静,先调摄身心,自在安和,放下万

卫礼贤的文本与解释　　　　　　　　　　107

修行次第四：化身

缘，一丝不挂，天心正位乎中。然后两目垂帘，如奉圣旨，以召大臣，孰敢不遵。次以二目内照坎宫，光华所到，真阳即出以应之。离外阳而内阴，乾体也。一阴入内而为主，随物生心，顺出流转。今回光内照，不随物生，阴气即住。而光华注照，则纯阳也。同类必亲，故坎阳上腾。非坎阳也，乃是乾阳应乾阳耳。二物一遇，便纽结不散，絪缊活动，倏来倏去，倏浮倏沉，自己元宫中，恍若太虚无量，遍身轻妙欲腾，所谓云满千山也。次则来往无踪，浮沉无辨，脉住炁停，此则真交媾矣，所谓月涵万水也。俟其冥冥中，忽然天心一动，此则一阳来复，活子时也。[此即慧命发现之时，斯时不令其顺出而逆之，是谓添油接命。成佛作祖在此下手。]

然而此中消息要细说。[非师传口诀难以了悟。]凡人一视一听，耳目逐物而动，物去则已，此之动静，全是民庶，而天君反随之役，是尝与鬼居矣。

今则一动一静，皆与人居，天君乃真人也。彼动即与之俱动，动则天根；静则与之俱静，静则月窟。静动无端，亦与之为静动无端；休息上下，亦与之为休息上下，所谓天根月窟闲来往也。天心镇静，动违其时，则失之嫩；天心已动，而后动以应之，则失之老。天心一动，即以真意上升乾宫，而神光视顶，为导引焉，此动而应时者也。天心既升乾顶，游扬自得，忽而欲寂，急以真意引入黄庭，而目光视中黄神室焉。[学者宜参看后卷《续命方》转六候图，则可以了悟矣。图中所谓子：吸进阳火，逆升乾鼎，午呼退阴符，顺降丹田，丹田即黄庭也。盖此即佛祖所谓法轮常转，仙家非人不传炼精返气之秘法也，悟此则可以造成不死之躯矣。]

既而欲寂者，一念不生矣。视内者，忽忘其视矣。尔时身心，便当一场大放，万缘泯迹，即我之神室炉鼎，亦不知在何所，欲觅己身，了不可得，此为天入地中，众妙归根之时也。即此便是凝神入炁穴。

夫一回光也，始而散者欲敛，六用不行，此为涵养本源，添油接命也。既而敛者，自然优游，不费纤毫之力，此为安神祖窍，翕聚先天也。

既而影响俱灭,寂然大定,此为蛰藏炁穴,众妙归根也。一节中具有三节,一节中具有九节,具是后日发挥。今以一节中具三节言之。当其涵养而初静也,翕聚亦为涵养,蛰藏亦为涵养,至后而涵养皆蛰藏矣。中一层可类推。不易处而处分矣,此为无形之窍,千处万处一处也。不易时而时分焉,此为无候之时,元会运世一刻也。

凡心非静极,则不能动,动则妄动,非本体之动也。故曰感于物而动,性之欲也。若不感于物而动,即天之动也。是知以物而动,性之欲也。若不以物而自动,即天之动也。不以天之动对天之性,落下说个欲字。欲在有物也,此为出位之思,动而有动矣。一念不起,则正念乃生,此为真意。寂然大定中,而天机忽动,非无意之动乎?无为而为,即此意也。

诗首二句,全括金华作用。次二句是日月互体意。六月即离火也,白雪飞即离中真阴将返乎坤也。三更即坎水也,日轮即坎中一阳将赫然而返乎乾也。取坎填离,即在其中。

次二句说斗柄作用,升降全机。水中非坎乎?目为巽风,目光照入坎宫,摄召太阳之精是也。天上即乾宫,游归食坤德,即神入炁中,天入地中,养火也。

末二句是指出诀中之诀。诀中之诀,始终离不得,所谓洗心涤虑为沐浴也。圣学以知止始,以止至善终。始乎无极,归乎无极。

佛以无住而生心,为一大藏教旨。吾道以"致虚"二字,完性命全功。总之三教不过一句,为出死入生之神丹。神丹为何?曰一切处无心而已。吾道最秘者沐浴,如此一部全功,不过"心空"二字足以了之。今一言指破,省却数十年参访矣。

子辈不明一节中具三节,我以佛家"空、假、中"三观为喻。三观先空,看一切物皆空;次假,虽知其空,然不毁万物,仍于空中建立一切事;既不毁万物,而又不着万物,此为中观。当其修空观时,亦知万物不可毁,而又不着,此兼三观也。然毕竟以看得空为得力,故修空观,则空固空,假亦空,中亦空。修假观,是用上得力居多,则假固假,空亦假,中亦假。中道时亦作空想,然不名为空而名为中亦;亦作假观,然不名为假而名为中矣;至于中则不必言矣。

吾虽有时单言离,有时兼说坎,究竟不曾移动一句。开口提云:枢机全在二目。所谓枢机者,用也。用即斡旋造化,非言造化止此也。六根七窍,悉是光明藏,岂取二目,而他概不问乎?用坎阳,仍用离光照摄,即此便明。朱子[云阳,讳元育,北宋法派]尝云:"瞎子不好修道,聋子不妨。"与吾言暗合,特表其主辅轻重耳。日月原是一物,其日中之暗处,是真月之精,月窟不在月而在日,所谓月之窟也,不然自言月足矣。月中之白处,是真日之光,日光反在月中,所谓天之根也,不然自言天足矣。一日一月,分开止是半个,合来方成一个全体。如一夫一妇,独居不成室家,有夫有妇,方算得一家完全。然而物难喻道,夫妇分开,不失为两人,日月分开,不成全体矣。知此则耳目犹是也。吾谓瞎子已无耳,聋子已无目,如此看来,说甚一物,说甚两目,说甚六根,六根一根也。说甚七窍,七窍一窍也。吾言只透露其相通处,所以不见有两。子辈专执其隔处,所以随处换却眼睛。(本段卫礼贤未翻译)

[此章首云:"玉清留下逍遥诀,四字凝神入炁穴。六月俄看白雪飞,三更又见日轮赫。水中吹起藉巽风,天上游归食坤德。更有

一句玄中玄,无何有乡是真宅。"盖道之玄妙,由无生有。因神与气凝集既久,则虚无之中生出一点真火,斯时神愈静,而火愈旺。火旺之景,则如六月炎暑之象。以旺火而煎坎水,水汽热极则沸点上腾,如雪飞相似,即"六月俄看白雪飞"之义也。然水因被火熏蒸,则真炁发动,但阴静则阳动,正如夜半之景,故仙家谓之活子时。斯时以意摄气,使之逆升顺降,如日轮升转相似,故曰:"三更又见日轮赫。"惟运转之法,又须假呼吸吹动命门之火,方得将真炁摄归原处,故诗中谓之"水中吹起藉巽风。"因先天一炁既得后天呼吸吹动,动由尾闾逆上乾顶,径乾宫,下重楼,顺行腹内而温养,故曰"天上游归食坤德"矣。真炁既归于虚无之所,久之气体充足,身心快乐。然若非由法轮运转之功,何能到得逍遥境域也。盖其要总由于凝神返照,神火静极,催动虚危穴内水中火发之故,即祖师所谓"更有一句玄中玄,无何有乡是真宅"耶。盖篇中此义,因学者功夫至此已造入玄奥之境,第恐不知煅炼之法,而金丹难以成就,故祖师将仙佛不传之秘点揭破。原学者凝神住于炁穴之时,静极则杳冥之中,由无生有,即太乙金华发现矣。斯时则有识光、性光之分,故曰:感于物而动,以之顺出生人,谓之识光。学者当真炁充足之时,若不令其顺出而逆之,则谓之性光。须假河车轮转之法,轮转不已,则真炁滴滴归根,而车住轮停,身清气爽矣。然轮转一次,则谓之一周天,即邱祖所谓之小周天也。倘不俟气足而采之,则时尚嫩而药物不结;若气充而不采,则失之老,而金丹难成。不老不嫩,用意摄取,斯其时矣。然斯时佛祖谓之色即是空,即炼精化气之义也。学者若不明此理,以之顺出,则气化为精,是谓空即是色矣。但凡夫以形骸交合,先乐而后苦,精泄则体倦而神惫,非若仙佛以神气交合，先清而后爽，精化则体畅而身舒矣。世传彭祖寿活八百八，系御女以养生，斯言误矣。不知实乃用神气锻炼之法也。因丹书之比喻，喻离火为姹女，以坎水喻婴儿，故疑彭祖用男女采补之法，以讹传讹，误却后生矣。

然仙家取坎填离之术，非真意不能调和，因真意属土，土色黄，故丹书喻为黄芽。因坎离交，则金华现，金色白，故以白雪为喻。乃世人不明丹家隐语，误以黄白为金石之术，岂不谬哉？

古德云："从来此宝家家有，只是愚人识不全。"审此则知古人实系采取自身之精气而得长生，非由吞服药物而能延年也。奈何世人舍本而求末哉。丹经又曰："正人行邪道，邪道悉归正。"正即炼精化气之义也。"邪人行正道，正道悉归邪"，此即男女交合，生男育女之谓也。盖愚夫以人身至宝，恣欲放荡，不知保守，精气耗尽则身体危亡。圣贤养生之法，并无别方，不过竭欲保精，积精累气，气足则造成乾健之躯矣。其与凡夫不同者，因有顺逆之用耳。

唯此篇要义，祖师反复引证，逐节指示，不过欲使学者晓以添油接命之法。然其要总在于二目，故始终言"枢机全在二目，夫二目者，斗柄也"，盖缘天以斗柄为中心，人以真意为主宰，故金丹之成就，全仗真意调和。是以下章有百日立基之说。然仍宜视学者功夫勤惰、体质强弱为标准。若工勤体壮，由得诀后河车运转之日起，意气调和得法，百日内即可成丹。倘体弱工惰，虽百日以外，大药恐难成就。然丹成则神气清明，心空性现，变识光为性光。性光常存，则坎离自交，坎离交则圣胎结。圣胎结，非大周天之功效而何，故后篇大义，到周天法则为止。

此书论养生之术，由谛观鼻端为入门下手之法，至此为转手之法,其了手与撒手之法,尽载于后卷《续命方》内。

且是篇注解极详,勿庸仆赘述矣。惟愿学者互相参究,不但可以了悟至道之精微,而且长生之目的可达矣。仆虽得师传,然未餐道味。兹谬加注解,第恐有豕亥之讹,尚希个中君子善为匡正。俾人人一见此书,即晓其长生之法,方不负祖师度尽众生之婆心矣。湛然慧真子谨志。](最后一小段卫礼贤未翻译)

百日立基第九

吕祖曰:《心印经》云,"回风混合,百日功灵"。总之立基百日,方有真光。如子辈尚是目光,非神火也,非性光也,非慧智炬烛也。回之百日,则精气自足,真阳自生,水中自有真火。以此持行,自然交媾,自然结胎。吾方在不识不知之天,而婴儿自成矣。若略作意见,便是外道。

百日立基,非百日也。一日立基,非一日也。一息立基,非呼吸之谓也。息者自心也,自心为息。元神也,元炁也,元精也。升降离合,悉从心起。有无虚实,咸在念中。一息一生持,何止百日,然百日亦一息也。百日只在得力,昼间得力,夜中受用。夜中得力,昼间受用。

百日立基,玉旨耳。上真言语,无不与人身应。真师言语,无不与学人应。此是玄中之玄,不可解者也,见性乃知。所以学人必求真师授记,任性发出,一一皆验。

性光识光第十

吕祖曰:回光之法,原通行、止、坐、卧,只要自得机窍。吾前开示云,虚室生白。光非白耶?

但有一说,初未见光时,此为效验。若见为光,而有意著之,即落意识,非性光也。子不管他有光无光,只要无念生念。何谓无念?千休千处得。何谓生念?一念一生持。此念乃正念,与平日念不同。今心为念,念者,现在心也。此心即光即药。凡人视物,任眼一照去,不及分别,此为性光。如镜之无心而照也,如水之无心而鉴也。少顷即为识光,以其分别也。镜有影已无镜矣,水有象已非水矣。光有识,尚何光哉?

子辈初则性光,转念则识,识起而光杳不可觅。非无光也,光已为识矣。黄帝曰:"声动不生声而生响。"即此义也。《楞严推勘入门》曰:"不在尘,不在识,惟还根。"此则何意?尘是外物,所谓器界也,与吾了不相涉。逐之则认物为己,物必有还,通还户牖,明还日月。借他为自,终非吾有。至于不汝还者,非汝而谁?明还日月,见日月之明无还也。天有无日月之时,人无有无见日月之性。若然,则分别日月者,还可与为吾有耶?不知因明暗而分别者,当明暗两忘之时,分别何在?故亦有还,此为内尘也。

惟见性无还,见性之时,见非是见,则见性亦还矣。还者还其识念流转之见性,即阿难使汝流转心目为咎也。初八还辨见时,上七者,皆明其一一有还。姑留见性,以为阿难拄杖。究竟见性既带八识,非真不还也。最后并此一破,则方为真见性,真不还矣。

子辈回光,正回其最初不还之光,故一毫识念用不著。使汝流转者,惟此六根。使汝成菩提者,亦惟此六根。而尘与识皆不用。非用根也,用其根中之性耳。今不堕识回光,则用根中之元性。落识而回光,则用根中之识性。毫厘之辨,乃在此也。用心即为识光,放下乃为性光。毫厘千里,不可不辨。

识不断,则神不生。心不空,则丹不结。心净则丹,心空即药。不著一物,是名心净。不留一物,是名心空。空见为空,空犹未空。空忘其空,斯名真空。

坎离交媾第十一

吕祖曰:凡漏泄精神,动而交物者,皆离也。凡收转神识,静而中涵者,皆坎也。七窍之外走者为离,七窍之内返者为坎。

一阴主于逐色随声,一阳主于返闻收见。坎离即阴阳,阴阳即性命,性命即身心,身心即神气。一自敛息,精神不为境缘流转,即是真交,而沉默趺坐时,又无论矣。

周天第十二

吕祖曰:周天非以气作主,以心到为妙诀。若毕竟如何周天,是助长也。无心而守,无意而行。仰观乎天,三百六十五度,刻刻变迁,而斗枢终古不动。吾心亦犹是也,心即璇玑,气即众星。吾身之气,四肢百骸,原是贯通。不要十分着力,于此锻炼识神,断除妄见,然后药生。药非有形之物,此性光也。而即先天之真气,然必于大定后方见,并无采法,言采者大谬矣。[不过假呼吸为采补之名耳。]见之既久,心地光明,自然心空漏尽,解脱尘海。若今日龙虎,明日水火,终成妄想。吾昔受火龙真人口诀如是,不知丹书所说,更何如也。

一日有一周天,一刻有一周天。坎离交处,便是一周。我之交,即天之回旋也,未能当下休歇,所以有交之时,即有不交之时。

[凡人自有生以来，被嗜欲所缠，逐日心火上炎，肾水下耗，昼则若不静养，神气难以交合，非至夜间睡着，阴阳始得交泰。然神气交合已极，则一阳复生，此自然之活子时矣。斯时假呼吸运转，使神气归根，则谓之小周天矣。否则若用回光之法使神凝气窍，久之真炁自生，则谓之金华乍吐。依前法煅炼，非静功之小周天而何。]然天之回旋，未尝少息，果能阴阳交泰，大地阳和，我之中宫正位，万物一时畅遂，即丹经沐浴法也，非大周天而何？此中火候，实实有大小不同，究竟无大小可别。到得功夫自然，不知坎离为何物，天地为何等，孰为交，孰为一周、两周，何处觅大小之别耶？

总之一身旋运，虽见得极大亦小。若一回旋，天地万物，悉与之回旋。即在方寸处，亦为极大。金丹火候，要归自然。不自然，天地自还天地，万物各归万物。欲强之使合，终不能合。即如天时亢旱，阴阳不和。乾坤未尝一日不周，然终见得有多少不自然处。我能转动阴阳，调摄自然。一时云蒸雨降，草木酣适，山河流畅。纵有乖戾，亦觉顿释，此即大周天也。

问活子时甚妙，必认定正子时，似着相。不着相，不指明正子时，从何识活子时？既识得活子时，确然又有正子时。是一是二，非正非活，总要人看得真。一真则无不正，无不活矣。见得不真，何者为正，何者为活耶？即如活子时，是时时见得的。毕竟到正子时，志气清明，活子时愈觉发现。人未识得活的，且只向正的时候验取，则正者现前，活者无不神妙矣。

劝世歌第十三

吕祖曰：吾因度世丹中热，不惜婆心并饶舌。世尊亦为大因缘,直指生死真可惜。老君也患有吾身,传示谷神人不识。吾今略说寻真路,黄中通理载大易。正位居体是玄关,子午中间堪定息。光回祖窍万神安,药产川源一气出。透幕变化有金光,一轮红日常赫赫。世人错认坎离精,搬运心肾成间隔。如何人道合天心,天若符兮道自合。放下万缘毫不起,此是先天真无极。太虚穆穆朕兆捐,性命关头忘意识。意识忘后见本真,水清珠现玄难测。无始烦障一旦空,玉京降下九龙册。步霄汉兮登天关,掌雷霆兮驱霹雳。凝神定息是初机,退藏密地为常寂。

吾昔度张珍奴二词,皆有大道,子后午前非时也,坎离耳。定息者,息息归根中黄也。坐者,心不动也。夹脊者,非背上轮子,乃直透玉京大路也。双关者,此处有难言者。地雷震动山头雨者,真气生也。黄芽出土者,药生也。小小二段,已尽修行大路,明此可不惑人言。

昔夫子与颜子登泰山顶,望吴门白马。颜子见为疋练,夫子急掩其目,恐其太用眼力,神光走落,故致早死,回光可不勉哉。

回光在纯心行去,只将真息凝照于中宫,久之自能通灵达变也。总是心静炁定为基,心忘炁凝为效,炁息心空为丹成,心炁浑一为温养,明心见性为了道。子辈各宜勉力行去,错过光阴可惜也。一日不行,一日即鬼也。一息行此,一息真仙也。勉之勉之。

三、柳华阳的《慧命经》(前八章)

漏尽图第一

欲成漏尽金刚体,勤造烹蒸慧命根。
定照莫离欢喜地,时将真我隐藏居。

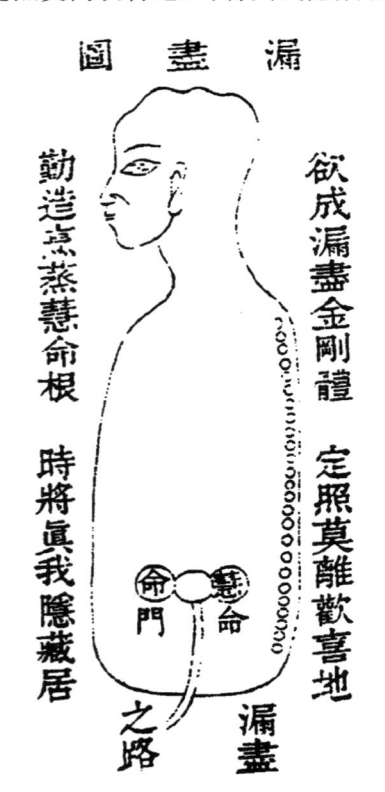

盖道之精微,莫如性命。性命之修炼,莫如归一。古圣高贤,将性命归一之旨,巧喻外物,不肯明示直论。所以世之无双修者矣。余之续图者,非敢妄泄也。是尊《楞严》之漏尽,表《华严》之妙旨,会诸经之散言,以归正图,方知慧命是不外乎窍矣。且此图之所立者,是愿同志之士,明此双修之天机,不堕傍门。方知真种由此而怀,漏尽由此而成,舍利由此而炼,大道由此而成。

且此窍也,乃是虚无之窟,无形无影,炁发则成窍,机息则渺茫,乃藏真之所,修慧命之坛。名之曰海底龙宫,曰雪山界地,曰西方,曰元关,曰极乐园,曰无极之乡,名虽众多,无非此一窍也。修士不明此窍,千身万劫,慧命则无所觅也。

是窍也,大矣哉!父母未生此身,受孕之时,先生此窍,而性命实寓于其中。二物相融,合而为一,融融郁郁,似炉中火种,一团太和天理。故曰"先天有无穷之消息",故曰"父母未生前,炁足胎圆",形动包裂,犹如高山失足,囫的一声,而性命到此,则分为二矣。自此而往,性不能见命,命不能见性,少而壮,壮而老,老而呜呼。故如来发大慈悲,泄漏修炼之法,救人再入包胎,重造我之性命,将我之神炁入于此窍之内,合而为一,以成真种,如父母之精炁入于此窍之内,合而为一,以成胎孕,其理一也。

夫窍内有君火,门首有相火,周身为民火。君火发而相火承之,相火动而民火从之。三火顺去则成人,三火逆来则成道。故漏尽之窍,凡圣由此而起。不修此道而另修别务,是无所益也。所以千门万户,不知此窍内有慧命主宰,向外寻求,费尽心机,无所成矣。

法轮六候图第二

分开佛祖源头路,现出西方极乐城。

法轮吸转朝天驾,消息呼来往地归。

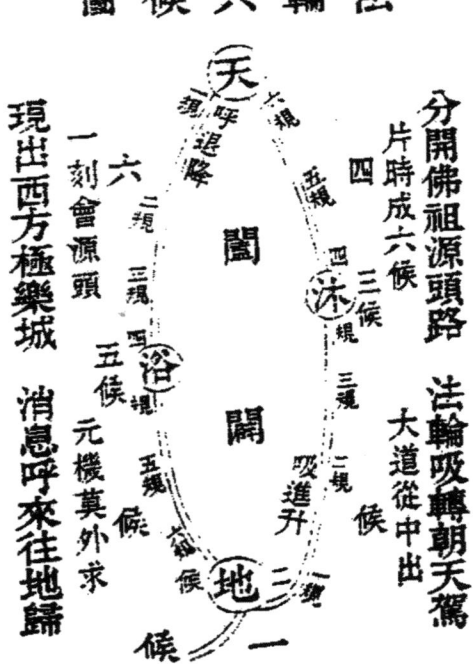

图中文字：
法轮六候图
分开佛祖源头路　片时成六候　大道从中出　法轮吸转朝天驾　吸进升
天　呼退降
现出西方极乐城　消息呼来往地归
一刻会源头　元机莫外求
六候　五候　沐浴　四候　三候　二候　一候
地闽阖

且道之妙用,莫如法轮。运行不蹶,莫如道路。迟速不等,莫如规则。限数不差,莫如候法。

是图也,大备法全,而西来真面目,无不在此矣。且其中之元妙行持,莫如呼吸。消息往来,莫如阖辟。不外道路,莫如真意。

有所起止,莫如界地。

舍己从人,备著此图,全泄天机。愚夫俗人得之,亦无不成也。苟无其德,纵有所遇,天必不附其道。何也?德之于道,如鸟之羽翰,缺一无所用也。必需忠孝仁义五戒全净,然后有所望焉。而其中精微奥妙,尽在慧命经中。两相参看,无不得其真矣。

任督二脉图第三

现出元关消息路,休忘白脉法轮行。

常教火养长生窟,检点明珠不死关。

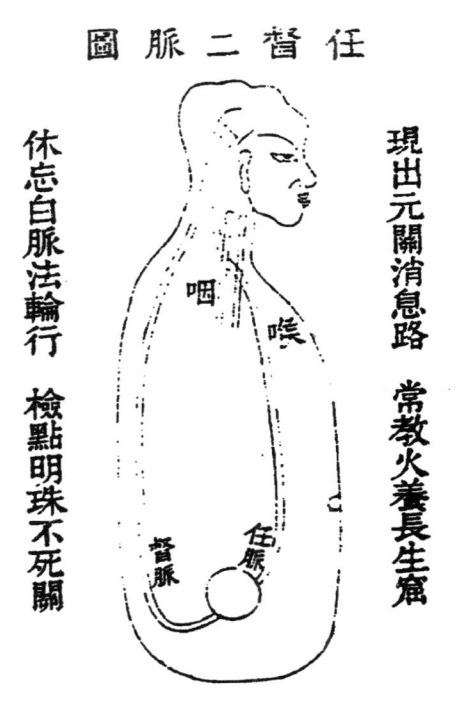

盖此图于前二图是一也。所重续者何为？是恐修道之人不知自身有法轮之道路，故备此图，以晓同志耳。盖人能通此二脉，则百脉俱通矣。所以鹿之睡时，鼻入肛门，通其督脉，鹤龟通其任脉，三物俱有千年之寿，何况人乎！修道之士，既转法轮以通慧命，何患不长寿而成其道也。

道胎图第四

有法无功勤照彻，忘形顾里助真灵。

十月道胎火，一年沐浴温。

且此图,《楞严经》原本有之妙旨,俗僧不知道胎者,因当初未续图之过耳。今以阐扬,修士方知如来有道胎,真实之功夫在矣。盖胎者,非有形有象,而别物可以成之,实即我之神炁也。先以神入乎其炁,后炁来包乎其神。神炁相结,而意则寂然不动,所谓胎矣。且气凝而后神灵,故经曰"亲奉觉应,二炁培养"。故曰"日益增长"。炁足胎圆,从顶而出。所谓"形成出胎,亲为佛子者"矣。

出胎图第五

身外有身名佛相,念灵无念即菩提。

千叶莲花由炁化,百光景耀假神凝。

出 胎 圖

身外有身名佛相
千葉蓮花由炁化
念靈無念即菩提
百光景耀假神凝

《楞严》咒曰：尔时世尊，从肉髻中涌百宝光，光中涌出千叶宝莲，有化如来坐宝花中，顶放十道百宝光明，皆遍示现，大众仰观放光，如来宣说神咒者，即阳神之出现也。故名曰佛子。

苟不得慧命之道，枯寂口禅，焉有自身之如来，坐此宝花，放光之法身出现者哉？或谓阳神小道，焉得世尊小道乎？此即泄《楞严》之秘密，晓喻后学。得此道者，立超圣域，不落凡尘矣。

化身图第六

分念成形窥色相，共灵显迹化虚无。

出有入无成妙道，分形露体共真源。

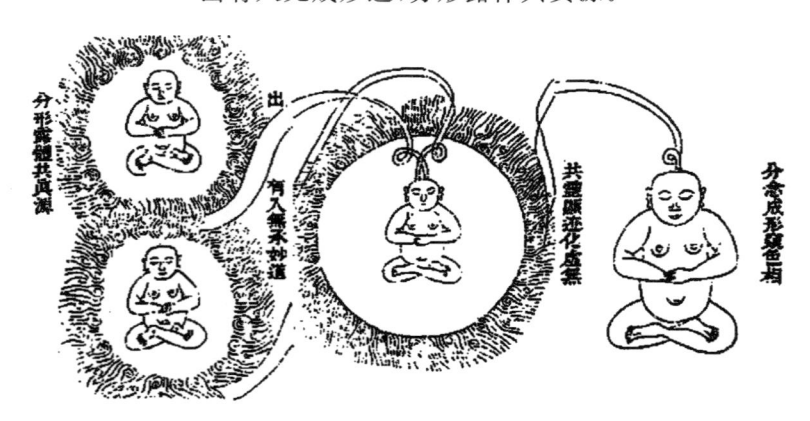

面壁图第七

神火化形空色相，性光返照复元真。

心印悬空月影净，筏舟到岸日光融。

面壁圖

神火化形空色相　心印懸空月影淨

性光返照復元眞　筏舟到岸日光融

虛空粉碎圖第八

不生不滅，无去无来。
一片光辉周法界，双忘寂静最灵虚。
虚空朗彻天心耀，海水澄清潭月溶。
云散碧空山色净，慧归禅定月轮孤。

虚空粉碎圖

一片光輝周法界　虛空朗徹天心耀

不生不滅　雲散碧空山色淨

無去無來　慧歸禪定月輪孤

雙忘寂淨最靈虛　海水澄清潭月溶

译后记

《太乙金华宗旨》是一部内丹经典,全名为《吕祖先天一气太乙金华宗旨》,相传为唐代著名道士吕洞宾所著,实际作者不详。《太乙金华宗旨》中的"金华"就是"金花","金花"是对"金丹"的形象说法。"金丹"既可指"外丹",也可指"内丹"。道家谓以烧炼金石成丹为"外丹",以自身的精气炼成的丹为"内丹"。与其他丹道修炼的著作相比,该书流畅易懂,基本不用传统丹经的隐晦语言。20世纪20年代,德国著名汉学家卫礼贤(Richard Wilhelm,1873—1930)独具慧眼,将此书译成德文,并邀请精神分析心理学家荣格(C.G.Jung,1875—1961)为其撰写了长篇评述。1929年,就在卫礼贤去世前几个月,两人合作完成的《太乙金华宗旨》德文译注本出版,题为《金花的秘密——中国的生命之书》(Das Geheimnis der Goldenen Blüte: Ein chinesisches Lebensbuch),后被译成英文、法文、意大利文、日文、韩文等多种文字,《太乙金华宗旨》由此闻名世界。德文第二版补充了1930年荣格纪念卫礼贤的讲演,德文第五版又加入了卫礼贤翻译的清代内丹家柳华阳所著《慧命经》的前八章。

对本书详加评论无疑超出了笔者的能力。正如许多专家学者已经指出的,荣格和卫礼贤对《太乙金华宗旨》的理解不可避免带有偏差,①所以读者不能希求通过此书来透彻理解甚深的内丹教法,阅读本书时也不必字斟句酌,只要能够启发思考就够了。最令人叹服的是荣格那无比开阔的视野、大胆的思考和敏锐的洞察力。只要对荣格的一生稍微有所了解就会发现,像荣格这样专心致志地挖掘人类最深的心灵奥秘,同时又能对一切文明成果兼收并蓄的大师实在是凤毛麟角。和卫礼贤一样,荣格也是一位罕见地热爱中国文化的西方人,他在《纪念卫礼贤》一文中对卫礼贤的高度赞扬当然也完全代表他自己的心声。荣格从分析心理学的角度对《太乙金华宗旨》进行评述,是为了在东西方之间架起一座心灵理解的桥梁。他不仅努力站在东方人的角度对此经典抱以同情的理解,而且时刻提醒西方人勿要盲目模仿,认为只有基于西方自身的文化土壤,才能与东方精神嫁接出芬芳的果实,化解西方人所面临的精神危机。荣格和卫礼贤(以及西方其他许多有识之士)都能毕恭毕敬地潜心研究被许多当代中国人弃之不顾甚至斥为荒谬迷信的内丹经典,真是让人感慨和汗颜!

  本书根据 1992 年瓦尔特出版社(Walter-Verlag)的德文第 19 版译出,并且参考了 1931 年出版的卡利·贝尼斯(Cary F. Baynes)翻译的英译本 The Secret of the Golden Flower: A Chinese Book of Life,以及 1993 年出版的通山翻译的《金华养生密旨与分析心理学》。近年来出版的中译本还有 2011 年黄山书社出版的《金花的秘密》,但该译本为了行文的通畅,随意发挥改动的地方甚多,就忠

---

① 例如可以参见 1991 年出版的由 Thomas Cleary 翻译的《太乙金华宗旨》新英译本 The Secret of the Golden Flower: The Classic Chinese Book of Life 中的评论。

实性而言远不及通山译本。此外，这两个中译本都是根据或主要根据英译本译的，而英译本有不少细节不够准确，导致中译大有可改进的余地。不过这当然不是说目前这个中译本已经完善，本书翻译难度甚大，笔者对于荣格、内丹都只有业余兴趣，缺乏专业研究，对于德文也不敢说精通，只是出于对两位大师的景仰以及对中国古代学问的热爱而不揣冒昧地翻译了此书，实可谓诚惶诚恐、如履薄冰，希望它能为我们的本土研究增加另一种视角。书中谬误之处一定不少，在此谨向通山先生表示诚挚的感谢，并恳请读者提出宝贵的修改建议！

张卜天

2015 年 4 月 15 日，剑桥李约瑟研究所

图书在版编目(CIP)数据

金花的秘密:中国的生命之书/(瑞士)荣格,(德)卫礼贤著;张卜天译.—北京:商务印书馆,2016(2024.4重印)
ISBN 978-7-100-12198-9

Ⅰ.①金… Ⅱ.①荣…②卫…③张… Ⅲ.①中华文化—文化研究 Ⅳ.①K203

中国版本图书馆 CIP 数据核字(2016)第 093487 号

权利保留,侵权必究。

金 花 的 秘 密
——中国的生命之书

〔瑞士〕荣格 〔德〕卫礼贤 著
张卜天 译

商 务 印 书 馆 出 版
(北京王府井大街 36 号 邮政编码 100710)
商 务 印 书 馆 发 行
北京中科印刷有限公司印刷
ISBN 978-7-100-12198-9

2016 年 7 月第 1 版　　开本 880×1230　1/32
2024 年 4 月北京第 15 次印刷　印张 4½
定价:38.00 元